高校英语课堂设计与创新教学模式

刘志红　著

新华出版社

图书在版编目（CIP）数据

高校英语课堂设计与创新教学模式 / 刘志红著. --

北京：新华出版社, 2023.9

ISBN 978-7-5166-7051-4

Ⅰ. ①高… Ⅱ. ①刘… Ⅲ. ①英语－课堂教学－教学

研究－高等学校 Ⅳ. ①H319.3

中国国家版本馆CIP数据核字(2023)第184032号

高校英语课堂设计与创新教学模式

作　　者：刘志红

选题策划：唐波勇

责任编辑：唐波勇　　　　　　　　**封面设计：**优盛文化

出版发行：新华出版社

地　　址：北京石景山区京原路8号　　　邮　　编：100040

网　　址：http://www.xinhuapub.com

经　　销：新华书店、新华出版社天猫旗舰店、京东旗舰店及各大网店

购书热线：010-63077122　　　　**中国新闻书店购书热线：**010-63072012

照　　排：优盛文化

印　　刷：石家庄汇展印刷有限公司

成品尺寸：170mm×240mm

印　　张：18　　　　　　　　　　　**字　　数：**230千字

版　　次：2023年9月第一版　　　　　**印　　次：**2023年9月第一次印刷

书　　号：ISBN 978-7-5166-7051-4

定　　价：88.00元

前　言

高校英语课堂设计与创新教学模式是当今教育领域的一个热门话题。随着教育的发展，高校英语教学已经成为国内高等教育中的重要组成部分。高校英语课堂教学是提高学生英语水平的主要途径之一。然而，传统的教学方式已经难以满足学生的当前需求，因此需要进行课堂设计与创新教学模式的探索。本书旨在探讨高校英语课堂教学的设计与创新教学模式，为高校英语教师提供教学思路和实践方法，为高校英语教学质量的提升贡献个人智慧。

第一章是高校英语教学的概述，从高校英语教学的重要意义、理论指导、教学目标、教学原则和教学内容等方面入手，希望为教师学习打下了扎实的理论基础。第二章介绍了教学设计与课堂教学设计的相关概念、类型和过程，为教师提供了实践指导和思路。第三章则重点介绍了学习者要素分析，包括学习者的知识与能力、心理与思维、兴趣与态度、学习需求和学习风格等方面，为教师了解学生的个性化需求提供了参考。第四章主要介绍了教学媒体设计，包括教学媒体的选择与应用、多媒体教学资源的获取以及多媒体教学课件的设计与制作等方面。第五章则介绍了教学方法设计，包括任务型教学方法、认知型教学方法、内容型教学方法和整体型教学方法，为教师选择适合的教学方法提供了依据。第六章介绍了教学模式设计，包括慕课教学模式、微课教学模式、混合学习教学模式和大数据视域下英语课堂教学模式的创新等方面，为教师了解和运用不同的教学模式提供了参考。第七章介绍了教学评价设计，包括英语课堂教学评价内涵解析、多样化的教师课堂评价形式、多样化的学生课堂评价形式以及优化激励性课堂评价的方法等方面，为教师了解和运用不同的教学评价方法提供了参考。第八章则介绍了教学语言设计，包括英语课堂教学语言的特点与作用、英语课堂教学语言的种类与要求、英语课堂教学语言的设计原则以及英语课堂教学语言的幽默设计等方面，为教师提供了设计英语课堂语言的方法和技巧。

本书旨在为广大英语教师提供实用性的指导和帮助，既注重理论层面的探讨，也注重实践层面的应用。笔者希望本书能够对广大英语教师有所帮助，为其英语教学工作提供有益的支持和参考。

因时间和精力有限，书中难免有不足之处，恳请广大读者和专家学者予以指点与斧正。

目 录

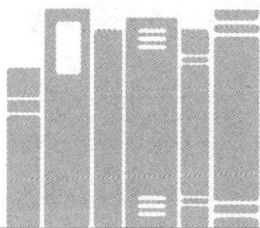

第一章　高校英语教学概述

第一节 高校英语教学的重要意义

一、高校英语教学的定义

教学作为一项活动，可以追溯到人类社会的早期。在原始社会中，教学并没有被视作独立的个体存在，而是与生活本身相互交织。随着社会的不断发展，教学逐渐独立出来，并成为一个单独的形态存在，对人类的生产和发展产生着重要的影响。

不同的人对教学概念的理解也不尽相同。有些人认为教学即教授，即从教师的角度出发，将教学理解为"教"，把教学论等同于教论；有些人认为教学即学生的学，从学生"学"的角度对教学进行界定，认为教学是学生基于教师的指导，对知识进行学习的过程，从而发展学生自身的技能，形成自身的品德；还有人认为教学即教师的教与学生的学，即教师与学生以课程内容为媒介，共同参与到教学活动中，教与学是同一过程的两个方面，不可分割；还有一种观点认为教学即教师教学生学，强调教师要教会学生学习，传授学习方法等，让学生学会自主学习。

无论从哪种角度出发，教学都是师生互动的过程，是教师引导学生学习的教育活动。教学是一种有目的的活动，不同阶段有着不同的教学目标，而教学方法和教材也需要根据不同的教学目标来选择和调整。同时，教学也需要注意学生的学习过程和特点，以便更好地促进学生的进步和发展。教师需要灵活运用教学方法和教育技术，结合学生的实际情况，让学生在积极参与学习的过程中不断提高自己的语言水平和语言运用能力。

高校英语教学是指在高等教育机构中，对学生进行英语语言教学的教育活动。这个过程包括教师对学生进行教学的过程和方式，以及学生在课堂内外的学的过程。

高校的英语教学不仅仅是培养学生的听说读写能力，更是全面、系统地培养和提升学生英语素质。这意味着英语教学需要从多个方面进行考虑和实践，包括但不限于对具体学科教学中的教学方法、教学质量、教学成果等教学因素，以及社会文化、语言习惯、生活方式、民族特性以及思维方式等方面的认知。因此，英语教学涉及多个学科的专业理论知识，包括教育学、语言学、心理学等。

在我国，英语作为第二语言，习得的过程具有一定的复杂性。许多外部因素也对英语教学产生了至关重要的影响，如学习动机、学生对英语的态度与认知、学习策略的选择以及学生环境等等。这些因素都需要被考虑到并被纳入英语教学的整个过程中。因此，教师需要在准确把握这些因素的前提下，在实际教学过程中理论联系实践，提高英语教学的质量，全方位提升学生的英语水平，真正达到英语教学的目的。

教师需要了解和掌握相关专业理论知识，包括教育学、语言学、心理学等等。同时，他们也需要不断了解学习的学习动机、学生对英语的态度与认知、学习策略的选择以及学习环境等外部因素，以便根据学生的需要调整和优化教学内容和方法。此外，教师也需要积极运用相关辅助工具和技术，如多媒体教室、语音教室、视听型教具、英语教学软件等，以提高教学效果和学生的英语水平。

二、英语教学的特点

（一）系统性

高校英语教学具有较强的系统性。高校英语教学的系统性是基于教学大纲和教学计划，通过教材、教学方法、评估和反馈机制以及教师培训和发展等方面的有机组合来实现的。

首先，高校英语教学大纲是按照国家英语教学标准制定的，其规定了英语教学的目标、内容和要求。教学计划是根据教学大纲制定的，具体规划了每个学期和每个学生需要完成的任务和学习进度。其次，高校英语教学教材是经过系统筛选和评估的，以保证其与教学大纲和教学计划的要求相一致，能够帮助学生有效地掌握英语知识和技能。再次，高校英语教学需要采取适当的教学方法，如听说训练、语法教学、阅读训练、写作指导等，以提高学生的语言运用能力和综合素质。最后，高校英语教学需要建立有效的评估和反馈机制，以评估学生的学习成果和教师的教学质量，并对教学方法和教学计划进行调整和改进。高校英语教师需要不断地提高自身的教学水平和能力，参加各种培训和研讨会，学习先进的教学理念和方法，以提高教学效果和质量。

这种系统性能够确保教学的有序性和有效性，使学生能够全面、系统地掌握英语知识和技能，为其未来的学习和工作打下坚实的基础。

（二）计划性

高校英语教学的计划性主要指根据学科目标、学生需求、教师素质等因素，教学人员制定具有可行性和可操作性的教学计划，保证教学的有序进行。

在高校英语教学中，教师要严格按照教学计划进行课程设计，确保学生在一定时间内完成教学任务。教学计划需要考虑到学科基础知识、教学内容的难易程度、学生的学习兴趣等因素，合理安排课程内容，设计有效的教学方法，以提高教学效果。同时，教师还需根据教学进度和学生的实际情况，适时调整教学计划，保证教学进度的紧凑和有效性。

高校英语教学的计划性还包括对学生学习过程的计划性安排。教师需要制定明确的学习目标和评估标准，引导学生按照学习计划进行学习，帮助学生制订个人学习计划，培养学生的自主学习能力，提高学生的学习效率以获取更好的学习成果。

高校英语教学的计划性能够通过教学计划和学生学习计划的制定和实施，以系统化、计划性的方式，推进英语基础知识的传授和学生英语水平的提高，促进高校英语教学的有效实施和教学质量的提高。

（三）跨学科性

英语教学是一门外语学科的教学。外语教学具有多个学科交叉的特点和边缘特性，它与许多其他学科密切相关，如教育学、心理学、哲学、社会学等。下文将详细介绍英语教学与其他学科之间的联系。

1.教育学与英语教学

英语教学是教育学研究的一个具体领域，同时也是教育学的一个重要组成部分。教育学是研究人类教育的一般规律的学科，它关注教育的本质、目的、价值、内容、方法等方面的问题。而教学则是教育学研究的主要内容之一，研究如何有效地传授知识和技能，培养学生的思维能力、创造能力和实践能力。

在英语教学中，教育学的理论和方法可以被应用到教学实践中，如教育原则、教育内容、教育方法等。例如，教育学中的因材施教原则可以被应用到英语教学中，帮助教师根据学生的个性、兴趣和能力，制定针对性的教学计划和教学策略。此外，教育学的研究成果还可以指导英语课程和教材的设计，帮助教师更好地实现教学目标。

可以说教育学是与英语教学联系最为紧密的学科之一，英语教学也是教育学中课程与教学论的重要组成部分。教育学的理论和方法对于英语教学起着重要的指导作用。

教育学对于英语教学内容的确定和英语教学方法的选择都有重要的指导作用。首先，教育学的一个重要原则是教育要促进学生的全面发展，其中包括认知、情感、行为和社交等方面。在英语教学中，这意味着要考虑到学生的语言能力、文化背景、兴趣爱好等因素，选择合适的教学内容，以便培养学生的语言能力、跨文化交际能力等。同时，教育学的另一个原则是教育应该适应社会发展的需求。在英语教学中，这意味着要考虑到社会对英语能力的需求，选择与社会发展相适应的教学内容和方法，以便让学生未来在社会中具备竞争力。

其次，教育学对于英语教学方法的选择也具有指导作用。教育学研究的是如何有效地传授知识和技能，培养学生的思维能力、创造能力和实践能力。在英语教学中，这意味着要选择适合学生的教学方法，如任务型教学、合作学习、情境教学等。同时，教育学还要求教师根据学生的个性、兴趣和能力，制定针对性的教学计划和教学策略，以便让每个学生都能够在英语学习中取得进步。

再次，教育学对于英语教学中教师与学生之间的关系和互动具有理论指导作用。教育学强调师生之间的关系应该是一种相互尊重、相互合作的关系。在英语教学中，教师应该充分尊重学生的个性和思想，鼓励学生表达自己的意见和观点，并且创造机会让学生在英语学习中发挥自己的主动性和创造性。同时，教师也应该关注学生的情感需求，帮助学生克服英语学习过程中的困难和挑战。教育学认为教师应该在教学过程中发挥主导作用，而学生则是教学活动的主体。在英语教学中，教师应该根据学生的学习需求和实际情况，制定合适的教学计划和教学策略，引导学生积极参与英语学习过程，让学生成为学习的主动者。同时，教师还要及时了解学生在英语学习中的进展情况，给予学生及时的反馈和指导，以便让学生不断提高自己的英语水平。教育学还强调在教学过程中要建立良好的师生互动关系，让学生在英语学习中感受到教师的支持和关注。在英语教学中，教师应该为学生提供一个安全、和谐的学习环境，让学生敢于表达自己的想法和感受。同时，教师也应该及时了解学生在英语学习中的困难和问题，并且根据学生的实际情况，提供相应的帮助和支持。

最后，教育学对于英语教学的进一步发展有启发作用。教育学站在一个宏观的层面审视具体的学科教学，为学科教学提供科学的理论指导，保证其不偏离教育的发展方向。同时，教育学本身的发展也为具体学科教学的发展提供了新的思路。比如《现代教育学》中对于文化教学和课外教育活动的论述，阐释了文化教学在教学中的重要性，强调了课外教育活动的作用，这两方面在我国的英语教学中均需要完善和提高，这体现了教育学对于英语实践教学具有重要的启发和指导作用①。

教育学除了对英语教学理论和英语教学过程有重要的指导作用，其具体的分析方法还可以运用到英语评价体系的完善、英语教学数据的测量分析和英语教学效果的提升之中。可以说，在英语教学实践的整个过程之中，都有教育学的内容在其中发挥作用。

2. 语言学与英语教学

语言学的研究对象是语言系统，其主要由语言科学和语言研究两大部分构成。语言学研究内容包括人类语言的结构、语言的历史发展、语言的运用、语言的社会功能等与语言相关的问题。

语言学研究的是人类语言系统，英语教学研究的是一门语言的学习，两者的研究对象均为语言，自然在研究内容、研究方法和研究成果等方面有着密切的联系。

语言学中的基本理论对于人类语言的一般特点进行了详细的剖析和研究，从不同的角度深入分析了人类对于语言的态度以及不同文化体系下人类的语言观。在不同的社会发展阶段，人们的语言观以及对社会认识的不同促使人们根据特定的社会发展需求构建语言教学的模式。该理论同样可以解释为何我国在不同的历史时期对英语教学模式的选择不同。同时，分析英语教学模式的历史发展经验，可以为我国英语教学模式的

---

① 黄娟.英语教学理论体系建构与实际应用研究[M].长春：吉林人民出版社，2019：3-4.

选择和优化提供重要的参考。

除了语言学的基本理论，语言学的许多分支学科对于英语教学也有不同程度的影响。

认知语言学是语言学中认可度较高的分支学科，其研究的重点是人类的认知在语言学习过程中的重要作用。近年来，认知语言学在我国的外语教学实践中得到了广泛的应用。认知语言学认为，学习语言的学生对自己长期生活的环境当中的社会实践和社会文化的认知，将在很大程度上影响自身对于外语的理解。认知语言学强调学生对于英语的理解、体验、感受以及使用。在英语教学的过程中将认知语言学与英语教学有机融合，可以帮助英语学生将自身认知经验与英语语言学习相结合，引导其发现母语与英语之间的联系，降低英语学习的难度[①]。

包含了第二语言教学的应用语言学，能够让学生对于英语教学有一个更加全面、深入的认识，帮助学生探索英语语言的本质。应用语言学对于明确英语教学安排具有重要意义。应用语言学强调的是以学生的具体学习目标为教学导向，制定合理的教学计划和教学方案，重视英语教学过程的科学性。

语料库语言学是以语料库为基础对语言进行研究的一门学科，作为语言学体系中的后起之秀，它同样为英语教学提供了较为新颖的方法论支持，丰富了英语教学的理念。语料库教学可以帮助学生进一步理解词汇和句式在实际交流中的用法，而不是停留在单词背诵和固定句式记忆层面。语料库语言学丰富的内容可以改善我国英语教学的现状，丰富英语教学的内容，为英语课堂注入新的活力，建立自主性强的学习模式，提升学生对于英语学习的兴趣。目前，语料库语言学在英语教学中的应用还处于探索阶段，拥有广阔的发展前景。

---

① 王二丽.英语教学论[M].北京：新华出版社，2018：5-6.

3. 社会学与英语教学

语言是人类社会中最重要的交际工具之一。随着人类社会的不断演变和发展，语言的内容、形式和结构也在不断变化和完善。因此，语言与社会之间的关系密不可分，社会语言学就是从这个角度出发，综合社会学和语言学的理论知识，强调语言的社会性，探讨语言与社会环境之间的诸多关联因素。

在英语教学中，交际能力的培养是非常重要的。交际教学法将教学的重点放在语言交际能力的培养上，鼓励教学与实践相结合，为学生创造良好的语言交际氛围，让学生在学习过程中更多地参与到真实的交际环境中，从而提升自身的语言运用能力。

语言是文化的载体，不同国家、不同民族、不同地域的文化特点都可以通过语言表现出来。在英语教学中，了解中西方文化的差异可以帮助学生更好地理解和运用英语。名字结构上的差异就是一个很好的例子。中国人的名字姓在名之前，先表达自身属于的家族群体，再表达自己的名字，而在西方则相反。这些文化的差异也影响着生活习惯、交流方式、文化传统、艺术表达等诸多领域，正是这些文化的差异，使得世界文化丰富多彩。

社会学和社会语言学对于我国英语教学改革也有一定的启发作用。在我国的英语教学实践当中，重视语言教学，轻视文化教学，这种教学观念不利于学生外语学习的持续进步。因此，我们应该借鉴社会语言学的理论和方法，将文化因素融入英语教学中，促进学生对多元文化的包容和接纳，从而提高学生的跨文化交际能力，推动英语教育的进一步发展。

美国社会语言学家海姆斯（Dell Hymes）认为，语言的交际能力主要包括两方面的内容：其一是语法性，即语言的运用需要合乎语法，以保证语言的准确性和规范性；其二则是可接受性，即语言表达在文化领域中的可行性，包括语言使用是否得体，是否符合交际所处的文化环境。海姆斯认为语言的教学不能脱离其相对应的文化环境，否则语言的学习只能停留在语言的工具性层面，很难真正实现教学目的。

教师在英语教学中应该改变传统的教育观念和教育方式，注重教授学生英语知识，使其通过学习英语丰富自己的文化知识，抱着尊重与沟通的态度对待其他民族的文化，更好地理解在其他文化环境中的英语。

第二节 高校英语教学的理论指导

高校英语教学主要涉及以下三种理论指导类型：语言理论、学习理论、教学理论。

一、语言理论

语言本质理论是英语教学展开的重要基础，它为英语教学内容的设计、教学材料的安排、教学活动的展开带来多方面的启示。具体来说，语言本质理论包括结构主义理论、转换生成语法理论以及功能派理论。

（一）结构主义理论

结构主义理论强调语言是由一系列规则和模式组成的系统。这些规则和模式可以通过对语言现象进行观察和分析来揭示。

结构主义革命发展于19世纪末至20世纪中期，其发起人既包括自然科学领域的学者，也包括人文科学领域的学者。这些学者共同关注语言的结构，阐发了各自的观点，并形成了一些理论。在这次革命的过程中，美国和英国的结构主义语言学者作出了非常重要的贡献。他们通过对语言符号的分析，强调了语言结构的内部关系和规律，推动了语言学研究的发展，并对其他领域的学科理论和研究方法产生了影响。

美国结构主义语言学的起源可以追溯到对印第安人口头语言的探究。

早期的研究者记录了印第安人的口语资料，并对这些语言符号进行分析，试图总结出其中的语言结构和语言特征。这些研究者认为语言不仅是一种交际工具，还是一种规则系统，可以通过系统化的分析和总结来深入理解其本质。这种方法后来成为美国结构主义语言学的核心思想。这些研究者的成果为后来的语言学研究奠定了基础，对理解语言的本质和结构有着重要作用。

美国结构语言学家在研究语言的过程中发现，人的口语表达和传统语法之间存在着差异，这些差异包括是否存在一定的语法错误和非正式的表达方式。此外，语言结构也是独特的，不同的语言在音位系统、词素系统和句法系统等方面都存在差异。

对于外语学生来说，这些结构上的差异会对其产生干扰和影响。英汉两种语言之间存在巨大的差异，因此在学生英语学习过程中，汉语会对其学习英语语言造成一定的干扰和影响。因此，美国的结构语言学家认为，在外语教学中，应该重点解决外语和母语在结构上的差异。

对比分析法是一种解决语言差异的方法。美国语言学家罗伯特·拉多（Robert Lado）在他所著的《跨文化语言学》一书中，曾经使用多种实例来阐释对比分析法的使用方式，并试图比较不同语言的语音体系。但是，随着对语言结构研究的深入，人们发现对比分析法也存在一定的不足。具体而言，母语并不是影响外语教学的唯一因素，还有许多其他因素也会对外语学习产生影响，如文化、认知、语用和心理等因素。

20世纪20年代，著名语言学家帕尔默（Palmer）和霍恩比（Hornby）以及其他学者对英语语法结构进行了深入的分析研究，并将其总结为一定的句型。这些研究为英语语言学习提供了大量资料，并为英语教学提供了重要的理论支持。

英国的结构主义语言学家十分注重语言使用情境的重要性。他们认为，语言结构不仅是简单的语法规则总结，还必须考虑语言使用者所处的语境和情境。因此，英国语言学家更加注重语言的实际应用，并将语言结构与语言使用情境相结合，以更好地理解和教授语言。

与之相比，美国的结构语言学家则更侧重于分析不同语言之间的差异性。他们致力于发现语言的独特结构和不同语言之间的差异，并研究这些差异如何影响语言学习和教学。

总之，美国和英国的结构主义语言学家在研究语言方面的侧重点存在差异。美国学者注重不同语言之间的差异，而英国学者则更关注语言结构和使用情境。

这些研究对于语言学习和教学都非常重要，可以帮助我们更好地理解和掌握语言。根据上文的论述可知，在英语教学中，教师不仅需要重视语言规则的传授，使学生掌握正确的语法结构和句型，还需要考虑到语言差异，并采取多种教学方法和策略来提高教学效果，帮助学生克服母语和外语之间的结构差异，并更好地学习英语。

（二）转换生成语法理论

20世纪50年代，转换生成语法理论由美国语言学家诺姆·乔姆斯基（Noam Chomsky）提出，他主张语言能力是人类大脑内置的一种能力，学习语言的过程就是发掘这种内在能力的过程。转换生成语法理论强调句子的深层结构和表层结构，认为句子的意义不仅仅取决于单词的顺序，还取决于句子的语法结构。在英语教学中，这一理论鼓励教师重视学生的语言发展过程，提供丰富的语言输入，培养学生运用内在语言能力的能力。

乔姆斯基认为，语言使用是一种受到语法规则的限制的行为，但人类的创造力却能让人用有限的语言单位创造出无限的、复杂的语言表达，这一点着实令人惊叹。因此，语言学习不仅仅是学习特定的句子，更需要理解语言规则，并使用这些规则创造新的语言表达。

在转换生成语法理论中，乔姆斯基提出了句子的双重结构理论，将句子的结构划分为表层和深层。表层结构描述了句子的形式，而深层结构则指明了句子所表达的含义。句法规则是转换生成语法的核心，包括短语结构规则和转换规则。这些规则不仅有助于我们了解语言结构，更帮助我们将深层结构转换为表层结构。

乔姆斯基认为，语言使用是一种受到语法规则限制的行为，但人们的创造力可以让我们用有限的语言单位创造出无限的、复杂的语言表达。通过转换生成语法的理论和规则，我们能够更好地理解句子结构和句法规则，从而更好地掌握和应用语言。

（三）功能派理论

语言是人类进行交际的重要工具，它是一种复杂的符号系统，可以用来表达人的思想、情感和意图。语言的基本特性就是交际性，即人可以通过语言来传递信息、交流思想、分享情感和实现合作。因此，语言的研究不应该只停留在语言结构的研究上，还应该从功能的角度对语言使用的情境、意义进行研究。

一些语言学家根据这个思路，提出了功能派语言理论。这种理论认为语言使用的最终目的是交际，因此语言的结构和使用方式都应该从交际的角度来考虑。功能派语言理论主要对交际中的功能、言语行为和交际行为进行探索，它着重于探讨语言使用的意义和目的，以及语言使用者在不同情境下的交际行为和言语行为。

韩礼德是英国的功能学派的代表人物，在他的《语言功能探索》（*Explorations in the Functions of Language*）一书中对语言功能的双重地位（微观功能和宏观功能）进行了论述。从宏观角度来看，语言的功能主要包括人际功能、思维功能、篇章功能三种，这三种功能主要出现在人已经对语言有一定认知后，人追求应用语言进行表达与信息传递。语言的微观功能主要包括个人功能、工具功能、相互关系功能、规章功能、想象功能、启发功能，这六大功能主要出现在学生学习母语的阶段。

海姆斯（Hymes）是一位社会语言学家和人类学家，他在 20 世纪 70 年代提出了"交际能力"的概念，用于描述一个人在特定社交和文化环境中使用语言的能力。

海姆斯"交际能力"的提出是基于乔姆斯基的语言学研究的，但是与乔姆斯基的"语言能力"和"语言运用"概念不同，海姆斯强调语言使用的社交和文化方面。他认为交际能力是一种综合能力，它不仅包括语言规则的理解和运用，还包括了解语言使用的目的、方式、适宜性和效果等因素。海姆斯强调交际能力相互作用，共同构成了一个人的交际能力。交际能力不仅是语言学习的重要目标，也是社交和文化适应的必备条件。

卡南尔（Cannale）和斯温纳（Swain）也是语言交际功能领域的重要研究学者，他们对语言交际功能的研究作出了重要的贡献。他们认为，语言交际能力主要由语法能力、策略能力、篇章能力和社会能力四个方面组成。这四种能力相互作用，构成了语言交际的基本要素，对于划定外语教学的重点具有重要的意义。

奥斯汀（Austin）是一位英国语言哲学家，他在研究言语的作用和功能时提出了著名的言语行为理论。根据他的理论，研究语言意义应该考虑语言使用时的作用、功能等多方面，并考虑具体的语言表达和上下文的关系。

奥斯汀认为可以将语言分为表述句和行为句两类。表述句主要用于陈述某种情况的真实性或虚假性，而行为句则更强调言语本身的作用，即通过言语达到某种目的。比如承诺、命令、请求等语句就是典型的行为句。奥斯汀认为，行为句的真实性不是主要关注的问题，通过行为句所实施的言语行为来达到某种目的才是。因此，对于行为句，重要的是考虑它所实施的言语行为的效果和后果。

奥斯汀的言语行为理论强调了言语的实际作用和功能，以及不同类型句子所实施的行为功能的不同。这一理论对于研究语言使用和理解具有重要的启示作用。

功能派语言理论认为语言的最终目的是交际，语言的结构和使用方式都应该从交际的角度来考虑。它的发展使得语言学的研究从结构性研究向功能性研究转化，更加注重语言在实际交际中的使用情境和意义。在英语教学中，功能派理论强调培养学生的实际交际能力，鼓励教师设计真实、有意义的交际任务，让学生在实际交际情境中学习和使用英语。

总之，这三种语言本质理论为英语教学提供了理论支持，帮助教师更好地设计教学内容、安排教学材料和开展教学活动，从而提高学生的英语水平和实际应用能力。

二、学习理论

（一）行为主义学习理论

行为主义学习理论，作为一个源远流长的心理学流派，其理论体系和实证研究为学术界所推崇。这一理论派系的光辉璀璨，源自对人类心智的探究，其影响远远超出了心理学的范畴，深入教育、社会工作等各个领域。站在这个时代的巅峰，回望行为主义学习理论的辉煌历程，后人无不被其智慧的火花所震撼，为其推动学术繁荣的力量所折服。

行为主义学习理论是一种心理学理论，强调人类行为的外部因素对学习产生的影响。这种理论主张行为是在环境刺激下发生的，是通过反馈和强化来加强的，认为行为是可测量、可预测和可控制的。行为主义学习理论主要引发了人们对教育、培训和行为改变的思考和实践。

1. 行为主义学习理论的历史和背景

行为主义学习理论的历史起源可以追溯到 19 世纪末期。当时，心理学家正在努力寻找一种科学方法来研究人类行为。在这个时期，人们普遍认为人类的行为是由内部心理过程驱动的，这些心理过程无法被直接观察或测量。这种观点得到了一些研究者的批评，他们认为心理学应该以可观察的行为为研究对象，而不是以无法观察或测量的心理过程为研究对象。

这些批评引发了行为主义学派的诞生。在行为主义学派发展的早期，心理学家主要研究动物的行为，以此来探索学习行为的基本原理，其中包括行为主义心理学家约翰·华生（John Watson）等一些著名的心理学家。他们通过实验研究发现，动物可以通过重复学习与环境的关联关系来改变行为。

到了 20 世纪，斯金纳（Skinner）成为行为主义学派的重要代表人物。斯金纳提出了操作性条件反射理论，即行为可以被条件化和塑造，可以通过正面和负面强化来改变和控制行为。他的实验研究和理论贡献对行为主义学派的发展和应用产生了深远影响，也成为学习理论研究的重要基础。

行为主义学习理论是由传统心理学中对内部心理过程的批评而引发的。随着实验方法的发展，行为主义学派逐渐形成，并成为研究动物和人类学习行为的重要理论框架。

2. 行为主义学习理论的基本原则

（1）学习是基于环境刺激和反应的。行为主义学习理论认为，学习是在环境刺激下发生的，人们对环境刺激做出反应，并且这种反应是可观察和可测量的。环境刺激可以通过各种方式来呈现，如声音、光线、味道和触觉等。学习的目的是在特定的环境下正确地做出反应。

（2）学习是通过强化和反馈来加强的。强化和反馈是行为主义学习理论的核心概念。强化是一种增加行为出现频率的过程，而反馈则是根据信息来指导行为的过程。正强化是一种通过给予奖励来增加行为出现频率的过程，负强化是一种通过消除不愉快的刺激来增加行为出现频率的过程。正反馈是一种通过提供信息来增加行为出现频率的过程，负反馈是一种通过提供信息来减少不良行为的过程。行为主义学习理论认为，正确运用强化和反馈，可以改变人的行为，使其更符合期望和要求。

（3）学习是可预测和可控制的。行为主义学习理论主张，由于学习是基于环境刺激和反应的，因此人的行为是可预测和可控制的。这意味着，通过正确地设计环境刺激和反馈，可以预测和控制人的行为，使其更符合预期和要求。这个原则对于教育和培训等领域具有重要意义，因为这表明教师和培训师可以通过精心设计教学和培训方案来实现教育和培训目标。

3.行为主义学习理论在教育中的应用

（1）教学设计。行为主义学习理论认为，通过正确地设计环境刺激和反馈，可以预测和控制人的行为。因此，教学设计应该注重为学生提供正确的环境刺激和反馈。例如，教师可以通过设置正确的学习目标、提供适当的指导和支持、给予积极的强化和反馈等方式来帮助学生获得知识和技能。

（2）教学评估。行为主义学习理论主张，学习是可预测和可控制的，因此可以通过测量学习结果来评估教学效果。例如，教师可以通过考试、测验、作业等方式来测量学生的学习成果，从而确定教学效果。

（3）奖励和惩罚。行为主义学习理论认为，可以通过奖励和惩罚来强化或减少某种行为。在教育中，教师可以通过给予奖励来增加学生的积极行为，如表扬、奖励等。同时，教师也可以通过惩罚来减少学生的不良行为，如警告、扣分、罚款等。

（4）自我管理。行为主义学习理论认为，人可以通过自我管理来改变自己的行为。在教育中，教师可以通过教授学生自我管理的技能来帮助学生改变自己的不良行为，如制定目标、制订计划、设定奖励和惩罚措施等。

4. 行为主义学习理论的局限性

行为主义学习理论虽然具有一定的可行性，但也存在一些局限性。首先，行为主义学习理论忽视了人的内在心理过程，如感受、情绪和认知等。这些内在心理过程对人的行为和学习同样具有重要影响。其次，行为主义学习理论可能会导致过度强调外部奖励和惩罚，而忽视了内在动机和兴趣的重要性。在教育中，过度强调外部奖励和惩罚可能会导致学生对学习失去兴趣。降低学习效果。最后，行为主义学习理论忽视了人的自主性和创造性。人类行为不仅仅是对外界刺激的简单反应，还具有一定的自主性和创造性。在教育和培训中应该综合运用多种学习理论，以达到更好的教学效果和促进学生发展。

（二）认知主义学习理论

认知主义学习理论认为，学生的先前知识和经验对新知识的理解和记忆具有重要影响，因此教师需要在教学过程中考虑到学生的先前知识和经验，帮助他们建立新知识和旧知识之间的联系。在认知主义学习理论的指引下，教师可以采用一系列教学策略，如引导学生运用各种认知策略、帮助学生建立知识结构、引导学生反思和调整自己的学习策略等，以提高学生的学习效率和学习成果。认知主义学习理论强调学生的自主学习、深层次学习和创造性思维，为教育教学提供了重要的理论支撑和实践指导。

认知主义学习理论是一种重要的学习理论，其核心在于关注学生的认知过程和策略，认为学生可以通过反思、调整和重构现有的知识结构来提高学习效果，同时通过运用各种认知策略来提高学习效率。

认知主义学习理论是 20 世纪 60 年代至 80 年代初期产生的一种心理学学派，它认为人类的学习是基于对外界信息进行加工、处理和重组的认知过程，是通过认知活动、认知策略以及对现有知识结构的调整和重构来实现的。认知主义学习理论不仅对教育学和心理学领域产生了深远的影响，而且在其他领域得到了广泛的应用。

1. 皮亚杰的发生认识论

皮亚杰（Piaget）是瑞士心理学家，他的发生认识论是认知心理学中的一个重要理论，其核心思想是认为人类的认知发展是一个逐步适应和调整的过程。这个理论在教育教学领域得到了广泛应用，对于促进学生认知能力的发展和优化教学策略有着重要的指导作用。

发生认识论的核心观点是人类的认知能力是随着人的生长和发展逐渐建立起来的。皮亚杰将人的认知发展过程划分为四个阶段，包括感觉运动阶段、前运算阶段、具体运算阶段和形式运算阶段。每个阶段有其特定的认知特征和能力，而这些阶段的转化是一个逐步适应和调整的过程。

（1）感觉运动阶段。这个阶段的婴幼儿主要通过感觉和运动来探索和认识世界。他们缺乏符号思维能力，主要是通过感官和运动来获得新的经验和知识。例如，一个6个月大的婴儿将手指放入嘴里探索，这是通过感觉和运动来发展他们的认知能力的一种方式。

（2）前运算阶段。在这个阶段，儿童开始发展符号和象征性思维能力，能够进行简单的记忆和联想。例如，一个2岁的儿童可以通过形状、颜色和大小等特征来区分不同的玩具，这是一种通过符号和象征性思维能力进行的认知活动。

（3）具体运算阶段。在这个阶段，儿童能够进行更加复杂的认知活动，如分类、序列和比较等。他们开始学会在头脑中建立具体的思维模型，并且能够运用这些模型来理解新的知识和信息。例如，一个5岁的儿童可以通过对几个形状相似的图形进行比较，来发展对空间关系的认知。

（4）形式运算阶段。在这个阶段，儿童开始具备形式逻辑思维能力，能够运用符号系统进行推理和推断。例如，一个12岁的儿童可以进行代数方程的求解，这是一种通过符号系统进行推理的认知活动。

发生认识论强调认知的发展是通过适应性过程实现的。适应性过程是指人们通过不断地适应和调整自己的认知结构和行为来适应环境的变化。在适应性过程中，人们通过感知、运动、思考和语言等活动，不断建立和调整自己的认知结构和知识体系，以更好地适应外界环境。

在发生认识论的指导下，教师可以采用一系列教学策略，以帮助学生在不同的认知阶段获得更好的学习效果。例如，在感觉运动阶段，教师可以为婴儿提供丰富的感官和运动体验，促进其感知和运动能力的发展；在前运算阶段，教师可以为幼儿提供种类丰富的象征性玩具，鼓励他们探索和发展符号和象征性思维能力；在具体运算阶段，教师可以使用各种实例和模型，帮助学生建立具体的思维模型，加深其对不同概念和关系的理解；在形式运算阶段，教师可以引导学生运用符号系统进行推理和推断，帮助学生发展形式逻辑思维能力。

皮亚杰的发生认识论是认知心理学中的一种重要学说，它强调人类认知的发展是一个逐步适应和调整的过程，人们通过感知、运动、思考和语言等活动，不断建立和调整自己的认知结构和知识体系，以更好地适应外界环境。这一学说对于深入理解人类认知发展的机制和规律，以及指导教育教学实践，具有重要的理论和实践价值。

2. 苛勒的顿悟学习论

苛勒的顿悟学习论是由德国心理学家沃尔夫冈·苛勒（Wolfgang Köhler）于20世纪20年代提出的。这一理论是对心理学领域传统的试错学习理论的重要补充。顿悟学习论的核心观点是个体在面对问题时，可以通过对信息的整合和重新组织，突然产生解决问题的新思路，实现"顿悟"。

（1）顿悟的特点包括以下几个方面。

①突然性。顿悟发生时，个体会突然产生一个解决问题的新思路，

这个过程往往是突如其来的。

②结构性重组。顿悟是一种对已有信息进行整合和重新组织的过程，其中涉及对问题的全面理解和对关键元素的识别。

③内省。顿悟往往伴随着个体对自己思维过程的反思，有时甚至是在一种无意识的状态下进行的。

④快速且持久。顿悟学习通常很快就能产生效果，而且所学到的知识往往能长时间记忆。

（2）顿悟学习论的意义包括以下几个方面。

①补充传统学习理论。顿悟学习论突破了传统试错学习理论的局限性，强调了思维重组在解决问题中的重要作用。

②促进创新思维。顿悟学习论对于教育和培训领域具有重要意义，它鼓励探索用非传统方式解决问题的方法，从而促进创新思维的发展。

③应用于心理治疗。顿悟学习论在心理治疗领域也具有一定的应用价值。例如，在认知行为疗法（CBT）中，顿悟可以帮助个体识别和改变其不合理的思维模式，从而改善情绪和行为。

尽管顿悟学习论存在一些局限性，但它仍然为心理学、教育学和其他相关领域提供了宝贵的理论资源，强调了思维重组在解决问题和创新中的重要作用。同时，顿悟学习论也为研究者提供了一个理解人类心智运作、学习过程和认知能力的独特视角。

顿悟学习论对教育实践有着深远的影响。该理论强调了儿童的认知能力是逐步发展的，并且在一定时期内会出现顿悟的现象。完形—顿悟是儿童认知能力发展的重要阶段，也是儿童智力发展的重要标志。在教育实践中，教师应该创造积极的学习环境，为学生提供足够的经验和知识，同时鼓励学生自主学习和思考，以促进他们认知能力的发展和完形顿悟的出现。同时，教师还应该注意到每个学生的认知差异，采用不同的教学方法和策略，帮助学生提高其个人认知水平。这样可以更好地促进学生的认知发展，提高学习效果。

3. 布鲁纳的发现学习理论

杰罗姆·布鲁纳（Jerome Bruner）是美国心理学家、教育学家，他的发现学习理论对于现代教育领域产生了深远的影响。布鲁纳强调学习过程中的主动发现与探究的重要性，他认为学生应当在学习过程中不断地发现新知识、新技能和新概念。发现学习理论强调学生的主动性和在学习过程中的探究性，以及教育的个性化和有意义性。

（1）发现学习理论的基本观点具体包括以下几个方面。

①构建知识。学生需要在探索、研究和解决问题的过程中，逐步建立起对新知识的认知框架。布鲁纳认为，学生在学习过程中不断地发现新知识、新技能和新概念，有助于培养其创新精神和独立思考的能力。

②以问题为导向。发现学习理论强调学习过程应当以问题为导向。学生在探索问题的解决方案时，会更加主动地参与学习过程，并在其中发现新知识。

③适度地指导。布鲁纳认为，适度的指导对于学生的发现学习是非常重要的。过多的指导可能会导致学生失去自主发现的机会，而过少的指导则可能让学生迷失在探索过程中。

④个体差异。布鲁纳注意到不同的学生有不同的学习方式和速度。因此，发现学习理论强调教师要根据每个学生的特点对其进行个性化教学。

⑤意义性学习。布鲁纳认为，学习应当是有意义的。学生在发现学习过程中，需要在实际情境中应用新知识，从而使学习变得更加有意义。

（2）发现学习理论的教育启示包括以下几个方面。

①强调学生的主体地位。教师应尊重学生的主体地位，鼓励学生积极参与学习过程，激发学生的学习兴趣和求知欲，培养他们的自主学习能力和独立思考能力。教师在教学过程中，应注重引导学生自主发现问

题、自主解决问题，帮助他们建立自己的知识体系。

②创设真实的学习情境。教师应尽可能地为学生创设真实的学习情境，让学生在实践中应用所学知识，将理论与实践相结合。这有助于提高学生对所学知识的理解和运用能力，培养他们的实践能力和创新能力。

③关注个体差异，因材施教。教师应充分了解学生的学习特点、兴趣和需求，根据每个学生的个性特点进行个性化教学。这有助于提高学生的学习效果，培养学生的个性和特长。

④注重教育过程的合作与交流。教师应鼓励学生在学习过程中进行合作与交流，分享彼此的学习成果和经验。这有助于培养学生的团队协作能力，提高学生的沟通能力和人际交往能力。

⑤培养终身学习的习惯。教师应帮助学生养成终身学习的习惯，让学生意识到学习是一个永无止境的过程。这有助于培养学生的自我调节能力，适应社会发展的要求。

（3）发现学习理论在教育实践中的应用包括以下几个方面。

①课堂教学。在课堂教学中，教师可以运用发现学习理论的指导思想，设计富有挑战性的问题，激发学生的探究兴趣。同时，教师应注意引导学生自主发现问题、自主解决问题，培养他们的独立思考能力。

②课外活动。在课外活动中，教师可以组织各种实践性、探究性的活动，让学生在实际操作中发现问题、解决问题，锻炼学生的实践能力和创新能力。

③评价与反馈。教师在评价学生的学习过程和成果时，应充分考虑学生的个性特点，关注学生在发现学习过程中的付出与努力。评价方法应多样化，既包括传统的笔试、口试，也应包括学生在实际操作中的表现、团队合作能力等。同时，教师要及时对学生的学习过程和成果进行反馈，帮助学生发现自己的优点和不足，改善学习效果。

④教育资源与技术的运用。教师在运用现代教育技术进行教学时，

应注意激发学生的学习兴趣，鼓励学生自主探索和发现。教师可以利用网络资源、多媒体教学等手段，为学生提供丰富的学习资源，扩大学生的学习视野。

⑤家庭教育。家长在家庭教育中也应运用发现学习理论的指导思想，鼓励孩子自主探索、发现问题，培养孩子的独立思考能力。家长应关注孩子的个性特点，提供个性化的教育支持，帮助孩子发挥自己的优势。

布鲁纳的发现学习理论为教师提供了一种全新的教育方法和教育理念，使学习过程变得更加生动、有趣，有助于培养学生的创新精神和独立思考能力。在教育实践中，教师应运用发现学习理论的指导思想，关注学生的主体地位和学生的个性特点，创设真实的学习情境，培养学生的终身学习能力。

4.奥苏伯尔的认知—同化学习理论

奥苏伯尔的认知—同化学习理论由戴维·奥苏伯尔（David Ausubel）提出，该理论强调新知识与已有知识之间的联系以及理解性学习在教育过程中的重要性。该理论认为，学习过程实际上是新知识与既有知识相互作用、同化的过程。通过将新知识纳入既有知识体系并根据新知识调整和丰富既有知识体系，学生能够更好地理解、掌握和应用新知识。

奥苏伯尔将学习分为接受性学习和发现性学习：接受性学习是指教师将学习内容以定论形式教授给学生，学生接受并记忆这些内容；发现性学习则是学生在教师的引导下，通过自己的探索和思考发现学习内容，形成自己的认知结构。

此外，奥苏伯尔还将学习过程分为机械学习和意义学习：机械学习是指学生对知识进行硬性记忆，可以记住词汇和形式，但不能理解这些内容的内在意义；意义学习则是教师将新知识与学生已有认知结构中的相关概念联系起来，使学生理解学习内容的意义。

在教学过程中，奥苏伯尔的认知—同化学习理论强调教师应采用适当的教学策略以促进学生的理解性学习。这些策略包括利用学生已有的先行组织概念来引导学习，逐步展示新知识与既有知识之间的联系，提供丰富的实例和应用场景以帮助学生将新知识与现实生活相联系，鼓励学生主动探索、提问和讨论以便更好地理解和消化新知识，以及关注学生的学习进度和成果，及时提供反馈和评估，帮助学生了解自己的学习情况并调整学习策略。

奥苏伯尔的认知—同化学习理论为教师和学生提供了一个有益的理论框架，有助于提高教学和学习效果。然而，教师在实际应用时，还需结合学生的个体差异和学习需求，灵活运用各种教学方法和策略，以实现更为全面、有效的教育。

教师应注意在教学中平衡各种学习类型，关注学生的个体差异和学习需求，以确保教育的全面性和有效性。同时，教师需要与学生保持良好的沟通，了解学生的学习情况，及时调整教学策略，以激发学生的学习兴趣和积极性，改善学习效果。在这个过程中，学生的自主学习和探索精神也至关重要，他们需要在教师的引导下，通过不断地实践、思考和讨论，形成自己的认知结构，实现真正意义上的学习。

（三）建构主义学习理论

建构主义学习理论是一种重要的教育学习理论，该理论强调学生通过构建新的知识和理解来主动建构其知识结构。该理论认为，学习不是一种被动的过程，而是一种主动的过程，学生必须参与学习并与所学的知识进行交互，才能建立起自己的知识结构。

建构主义学习理论是一种以主动参与、交互和建构知识为核心的学习理论。建构主义学习理论的核心思想是，学生不是知识的被动接收者，而是知识的主动构建者。这意味着，学生通过自己的经验和观察，来构建自己的认知模型。建构主义学习理论的核心观点是，人们通过对自身经验的反思和对外部世界的交互，来建立自己的知识结构。建构主义学习理论源于对认知发展和社会文化学习的研究，是教育学和心理学领域中的一种主流学说。

（1）建构主义学习理论的核心概念包括学生的主动参与、交互和建构。学生的主动参与是指学生需要积极参与学习过程，主动地探索和发现新的知识；学生的交互是指学生通过与他人和环境的互动，构建自己的知识结构；学生的建构是指学生通过整合已有的知识和新的知识，来建立自己的认知模型和知识结构。

建构主义学习理论还强调学生的个体差异和知识的文化依存性。学生的个体差异指的是不同学生在接收和处理知识时，会受到自己的经验、文化背景、语言和认知风格等多种因素的影响；知识的文化依存性指的是不同文化背景下的人们，对于同一事物的认知和理解是不同的。因此，建构主义学习理论认为，学生需要根据自己的情况和背景，主动构建自己的知识结构。

（2）建构主义学习理论的主要理论支持者有皮亚杰和维果茨基（Vygotsky）。皮亚杰是建构主义学习理论的奠基人之一。他认为，学习是一个主动建构知识的过程。皮亚杰的理论强调学生的适应性平衡，即学生通过调整自己的认知模型，适应不同的环境和情境。他提出了四个认知发展阶段的理论，包括感觉运动阶段、前运算阶段、具体运算阶段和形式运算阶段。这些阶段表明，学生在不同的年龄和认知水平下，会以不同的方式构建知识结构。

维果茨基是建构主义学习理论的另一位重要理论支持者。他的主要贡献是提出了"最近发展区"的概念。维果斯基的最近发展区理论认为，学生的发展有两种水平，即实际发展水平和潜在发展水平。其中，实际发展水平指的是学生在独立活动时所能够达到的解决问题的水平，而潜在发展水平则指学生通过教学和指导所能够达到的水平，也就是学生的潜力。

维果茨基认为，教学应该着眼于学生的最近发展区，为其提供带有一定难度的学习内容，激发学生的积极性，发挥他们的潜能，使其超越其最近发展区的水平，从而达到下一发展阶段的水平。这就要求教师了解学生的实际发展水平和潜在发展水平之间的差距，根据学生的情况提供适当的支持和指导，帮助他们逐步超越自己的最近发展区，达到潜在的发展水平。

（3）建构主义学习理论的影响有以下几个方面。

①在认识方面，建构主义学习理论强调学生在学习中是主动建构者和信息加工的主体，强调学生对于中心地位的认识。这对于高校外语教学来说非常重要，因为学习外语需要学生主动掌握语言知识和技能，需要学生能够积极地构建意义和知识。同时，教师也需要从传授知识的角色转变为学生学习的指导者和学生学习主动性的激发者，以更好地引导学生进行学习。

②在学习方式方面，建构主义学习理论强调学生之间的互助与协作关系，提出了"互动式教学模式"，强调学生的参与性与能动性。在外语教学中，这个模式非常适用，因为语言学习需要学生积极地参与到语言交际活动中，通过与他人的交流和互动来提高语言能力。

③在学习内容方面，建构主义学习理论强调学习内容和学习材料的意义与趣味性，并主张语言材料的选择要结合学生现实生活与社会热点话题。这可以帮助学生更好地理解语言知识和技能，并在实践中进行运用和巩固。

④在测试形式和内容方面，建构主义学习理论注重对学生交际能力的考核，并提出了基于情境交互的口语考试形式，要求学生在交流中展示自己的语言能力和沟通能力。

（4）建构主义学习理论的应用包括以下几个方面。

①课程设计。建构主义学习理论认为，学习应该是基于学生的兴趣

和需求的，并且应该是与学生的背景和文化相关的。因此，在课程设计中，教师应该考虑学生的不同背景和需要，根据学生的兴趣和需求，提供不同的学习资源和任务，以促进学生的主动参与和主动建构。

②教学策略。建构主义学习理论认为，学生应该通过与他人和环境的交互来建构知识。因此，在教学中，教师应该使用不同的教学策略，包括合作学习、角色扮演、探究式学习、问题解决和项目学习等，以促进学生的交互和合作。

③评估方法。建构主义学习理论认为，学生是通过试错来建立自己的认知模型的。因此，在评估学生的学习成果时，应该使用多种评估方法，包括观察、记录、反思和自我评价等，以便学生能够了解自己的学习进展，并对自己的学习方式进行调整和改进。

三、教学理论

教育学是一门研究教育现象、教育规律和教育方法的学科，它为教育实践提供了理论基础和指导。在高校英语教学中，教育学的相关理论对于教学的实施和指导起着重要的作用。

在教育学的一般原则中，教学的系统性、思想性、直观性、科学性等方面对于高校英语教学具有重要的指导意义。教育学一般原则的指导作用主要体现在教学中归纳法、启发法、演绎法的使用以及具体的讲解、练习、复习活动等方面。此外，教育学的目的、方针和目标等也会从宏观上指导高校英语教学活动的开展，并对英语课程的设置产生直接的影响和制约效果。

此外，教育心理学也是高校英语教学中不可或缺的理论基础之一。教育心理学的研究内容主要包括探讨学生的思想、技能、智力、知识与个体性格形成与发展的规律，以及研究学生个体心理活动对整体课堂教学的影响。在高校英语教学中，教育心理学的相关理论可以作为指导教学中基础知识的教授、学生语言能力的培养和交际能力的培养等方面的重要参考。

课程理论也是教育学理论中的一个重要领域。课程理论涉及课程哲学、课程组成部分和课程过程等方面，可以帮助教师更好地设计和实施教学计划。在高校英语教学中，课程哲学对于教师的教学目标的选择、课程内容的设计和评价体系的建立都有着重要的指导作用；课程组成部分包括目的和内容、教学和评价等方面，教师可以通过对这些组成部分进行分析和把握，来指导自己的教学实践；课程过程指的是课程的开发、实施、管理和评价等方面，教师需要在教学过程中充分考虑到这些方面的要素，确保教学的顺利进行和教学效果的达成。

总之，教育学理论、教育心理学理论、课程理论等多个理论领域都为高校英语教学提供了丰富的理论基础和指导，教师需要根据实际情况和学生的特点，灵活地运用这些理论，为学生提供高质量的英语教育。

第三节　高校英语教学的教学目标

关于高校英语教学的目标，众多学者的观点各有不同，莫衷一是，但是大致可以分为三大类：培养学生能力、培养学生明确文化定位能力和培养学生的思辨能力。

一、培养学生能力

（一）语言知识教学

1.词汇教学

语言知识教学重点关注对英语词汇的教学。词汇是语言的核心要素，为表达和书写提供了基础。在语言教学中，词汇扮演着不可或缺的角色。由于中英文之间存在很大的差异，学生在理解英语单词的语义方面可能会遇到挑战。因此，英语教师通常会把词义辨析作为教学的重要环节。词汇教学主要包括三个方面：词义教学、词汇运用教学和词汇结构教学。

（1）词义教学。词义教学关注单词在不同语境下的多种含义。为了帮助学生更好地理解单词，教师需要提供丰富的例句和实际情境，使学生能够在语境中感知词汇的意义。此外，教师可以采用多种教学方法，如同义词、反义词、词义梯度等，帮助学生更全面地掌握词汇。同时，教师还应注意向学生传授词汇记忆技巧，如关联记忆法、词根词缀法等。

（2）词汇运用教学。词汇运用是词汇教学的目标。在明确了词汇基本含义的基础上，学生需要学会如何在实际语境中恰当地运用词汇。词汇运用能力的熟练程度反映了学生对词汇的掌握和熟悉程度。

（3）词汇结构教学。词汇结构教学有助于学生掌握构词知识，以便更有效地记忆具有相似结构的词汇。此外，词汇结构教学可以帮助学生拓展词汇联想，从而更系统地学习和记忆词汇。掌握英语词汇的构词规律对于高效、准确地记忆单词至关重要。词根教学是英语词汇构词法教学的重要内容之一，也常见于英语教学实践中。

2. 语法教学

英语语法包含了两类知识：描述性知识和程序性知识。描述性知识涵盖了各种语法规则，如词法、句法和篇章结构，涉及词类、从句、时态、语态、情态等方面；程序性知识则关注如何运用语法来实现有效交流。描述性知识可以通过学习获得，而程序性知识作为一种技能，需要通过实践和应用来掌握。

英语语法教学主要涉及词法和句法两个方面。词法主要研究词的构成和分类，包括词的转换、派生、合成以及词组的不同类型等内容；句法则主要关注句子的组成部分、句子的分类和标点符号的使用。

（二）实践技能教学

1. 英语口语教学

英语口语教学的基础是语音训练，涉及音节、重音、弱读、连读、意群和停顿等方面的发音和语调训练。正确的发音和语调对于语言表达和理解至关重要。英语口语教学旨在提高学生的英语交际能力，使其掌握有效的会话技巧以促进顺畅地交流。英语口语教学还应注重英语文化知识的传授，因为文化知识在保证语言得体性方面起着关键作用。

2. 英语听力教学

巩固学生的听力知识是培养和提升学生听力能力的基础，听力知识主要包括语音知识、语用知识、策略知识和文化知识等。

语音教学是听力教学的重要组成部分之一。一方面，语音教学是对英语词汇读音的规范化过程，通过语音教学，学生可以准确识别听力材料中涉及的词汇；另一方面，语言交际是由句子构成的，语音教学中关于英语句子读法的教学，可以帮助学生更高效、准确地理解听力材料中的对话与长句。

语用知识指的是在交际过程中语言的运用方式，主要包括习惯用语、交际用语、话语分析等方面的知识。英语语用知识的学习可以帮助学生更好地了解英语语境下人们的交流习惯与对话方式，更加准确地理解对话内容，减少听力误判。

策略知识针对的是学生听力任务，学生掌握一定的策略知识，就可以根据不同的听力任务选取合适的听力方式。而文化知识教学会增进学生对于不同国家文化习惯的了解，辅助学生更好地理解听力材料的内容。

3. 英语阅读教学

英语阅读在我国的教育评价体系中占据重要地位，因此教师通常重视阅读教学。然而，英语阅读教学应更注重实际应用而非应试。提高学生英语阅读能力的目的是培养其分析和思考能力、拓宽其视野并拓展其英语思维。教师应选择以分析文章结构为主的高效阅读教学模式，以全面提升学生的阅读水平。

4. 英语写作教学

一篇好的文章必须具备清晰完整的结构，文章结构的搭建直接影响到文章的质量和观感。

在文章写作结构的教学中，首先要培养学生谋篇布局的能力。在写作之前首先要谋篇布局，再根据文章内容选择适当的扩展模式。一般来说，文章的结构应该是引段—支撑段—结论段，段落的结构则应该是主题句—扩展句—结论句。但根据文章类型的不同，文章的结构也有所不同，教师在教学中需要对学生的谋篇布局能力进行全面的培养。

文章的写作还需要完整统一，文章中的所有内容，包括事实、观点、例子等都需要围绕文章的中心思想展开。与此同时，还需要确保文章各个部分的完整性。教师教学时可采用专项训练的方式，针对性地训练学生的写作能力。

英语写作中，在文章结构清晰完整和文章内容完整统一的基础上，还需要保证句子的和谐连贯，句子的排布必须具有逻辑性，句子之间要通过连接词组有机地结合在一起，使内容环环相扣，流畅展开。在教学实践中，教师可以针对过渡语对学生开展专项训练。

（三）文化教学

中英两种语言的差异，源于单词或句子的表层区别，但更深入的差异实际上是两国文化的差异。在培养学生听说读写等方面的能力时，文化教学是不可或缺的。以下将从价值观、思维方式、非语言交际和语言交际四个方面对外语教学中的文化教学内容进行探讨。

1. 价值观

我国的传统价值观强调天人合一，强调人与自然、主体与客体、精神与物质的二元合一。这一观念充分体现了中国哲学家在面对主客体时的辩证思考。受天人合一价值观的影响，中国人在思维、意识、思维模式以及言语表达等方面，倾向于追求整体性、重视感知体验和综合性。而西方价值观强调天人分相，将世界看作由多个独立物体组成的整体，这些物体可以独立存在。这导致西方文化更强调人类凭借自己的思维和力量认识世界、征服世界、改造世界。

2. 思维方式

思维方式是由社会环境塑造的，不同的地理、历史、经济和文化背景导致人类形成不同的思维方式。中西方的思维方式存在显著差异。中国传统的思维方式强调内倾性，依赖于直觉、感知体验、意会和领悟，而非逻辑推理。而西方思维方式强调逻辑性，具有理性分析、逻辑实证和追求精确等特征。同时，中国思维方式注重整体性，强调自然和谐、融会贯通，而西方思维方式强调分析性，注重细节和局部的研究。

3. 非语言交际

英语教学包括非语言交际，即通过除语言因素外，交际环境中其他具有信息价值的因素进行交际。如中医看病时的望闻问切，本质上是语言交际与非语言交际相结合。非语言交际在交际过程中承担重要作用，能表达重复、否定、强调等含义，同时传递语言背后的隐含信息。非语言交际既具有共性特点，也具有个性特点，因此在外语教学中，既要关注语言交际内容，又要认识到非语言交际也是不可忽视的教学内容之一。

4. 语言交际

在文化认同和相互接受的范围内，交际双方选择交际用语存在差异。交际规约与社会文化背景密切相关，也反映了文化差异。若不遵守交际规约，往往会导致人际交往中产生冲突与矛盾。

以社交称谓为例，汉语的身份称谓种类繁多、范围广、使用频率高，常见的身份类称谓有姓加职务、姓加职称、姓加职业，如张老师、李副官、秦司令等。而在英语中，头衔类称谓仅限于皇族、政府上层、宗教界、军界和法律界，常见形式为职称加姓氏，如 Queen Elizabeth（伊丽莎白女王），教授通常以 Doctor 和 Professor 作为头衔称谓。

综上所述，中英文两种语言和文化的差异不仅体现在单词和句子的表面层次，更深入地反映在价值观、思维方式、非语言交际和语言交际等方面。在进行外语教学时，应充分关注这些差异，并将文化教学融入听说读写等各方面的教学中，以提高学生的跨文化交际能力。同时，了解中英文化差异有助于增进两国人民之间的相互理解，促进交流和合作。

二、培养学生明确文化定位能力

在高等教育英语教学中，弄清楚母语文化和目标语文化的定位是至关重要的。英语作为国际通用语言，拥有数百万学生，并在全球范围内发挥着交流与传播的作用。因此，高校英语教学需紧跟时代发展潮流，拓展英语教学内容，其中涉及英语国家文化教学，以培养学生的文化身份意识和使学生明确自身文化定位。

中国文化是世界文化的瑰宝，在人类文明中占有举足轻重的地位。高校英语教学应以中国文化为基础，因为在跨文化交际过程中，如果交流者不能理解自己的母语文化，将无法进行深入的交谈。母语文化是跨文化交际的基石，在高校英语教学中，教师可通过母语文化英译、文化对比等方法来教授母语文化，从而在一定程度上提高学生的文化对比能力。

只有深入了解国家文化，学生才能反过来更加深刻地理解母语文化。从这个角度来看，高校英语教学在文化传承方面具有重要的媒介作用。学生需要在了解本国文化的基础上，积极吸收不同国家文化的精华，为未来跨文化交际奠定坚实基础。

三、培养学生的思辨能力

英语课程对学生的培养不仅局限于语言知识和技能，而是扩展到听说能力和语言文化内容，包括语言形式背后所传达的观念和思想，以及深入的分析和思考学习过程。英语课程需要培养学生的思考和批判能力，因为思考和批判涉及定义、归纳、解释、讨论和评估等语言活动，这些活动与思考和批判能力密切相关。

然而，我们不能简单地将语言技能的发展等同于思考和批判能力的发展。一个人的语言技能水平高，并不意味着他的思考和批判能力也一定强。外语学习可以帮助人在社会领域打破原有的理解和交流障碍，建立新的平衡，成为一个不断完善思考和批判能力的有效途径。英语课堂上的解释、分析、评估、推理和自我调整等活动是利用语言资源形成文本的方式，是以新的方式运用语言的过程，并非与语言无关的看不见的心理过程。英语课程是高等教育体系中不可或缺的语言基础课程。

所有学科都面临着一个巨大的挑战：帮助学生超越原有的知识经验，运用已有经验，及时反思经验，改变个体基于原有经验的观点，从而改变学生体验世界的方式。在外语教学中，强调语言形式和观点之间的联系，使学生逐步掌握、应用和最终构建学习的意义，这一过程必须通过对语言形式和观点的智力探索来实现。

英语课程中思辨能力的培养主要通过英语教学来实现，通过直接或间接的途径，达到提升学生思考和批判能力的目标。思考和批判能力所强调的认知技能和情感倾向可以在英语教学中得到有效促进。教师应鼓励学生识别、分析和深入理解语言形式和观点之间的联系，从而加强他们对英语的整体认识，为其成为终身语言学生打下基础。

第四节　高校英语教学的教学原则

高校英语教学主要有以下五大原则：以学生为主体的原则、全面性原则、实用性原则、循序渐进原则、趣味性原则。

一、以学生为主体的原则

教育活动的基本原则之一是以学生为中心。在英语教学中，教师应该是主导者，而学生则是主体。教师不仅需要将知识传授给学生，还需要采用科学的教学方法，激发学生的学习兴趣，提高学生的学习主动性，引导学生进行全面系统的英语学习，并为学生提供必要的帮助。为达到这一目的，教师可以从以下两个方面进行努力。

一方面，应该改变传统的教学模式。在英语教学中，选择适当的教学模式和方法至关重要。在我国，英语教学是学生第二语言习得的途径，与其他学科的教学方法选择有很大不同。如果采用填鸭式教育和死记硬背的教学方法，很容易让学生感到枯燥，增加学习难度。虽然在英语学习的过程中，一定程度的机械操练和死记硬背是必要的，但是训练强度不应过大，否则会适得其反，降低学生的学习积极性，影响学习效果。我国多年的英语教学实践表明，单一的教学模式和方法难以满足英语教学的需求。教师应该综合考虑多种教学模式和方法，博采众长，兼收并用，并选择最适合自身教学需求和符合教学客观条件的教学模式和方法。

另一方面，应该以学生为中心，因材施教。学生是知识的接收者，是认知的主体，英语教学的目的是提升学生的英语水平。因此，英语教育工作者应该在英语教学过程中始终贯彻以学生为中心的原则，充分发挥学生在学习过程中的主体作用。这包括教材的选取、教育方式的选择、英语课程的设计、教学配套设施的完善、英语教学环境的优化以及英语教学活动的安排等方面。美国语言教育家斯蒂芬·克拉申（Stephen Krashen）认为，可理解性的语言输入是人类学习和理解语言的基础之所在。与学生认知能力不相匹配的外界输入难以对学生的语言学习起到积极作用，不利于学习效果的提升。因此，教育工作者需要根据学生的个体差异，因材施教，为学生提供可理解的语言输入，从而提高教学效果。

以学生为主体是教育活动的基本原则之一。在英语教学中，教师应该采用科学的教学方法，激发学生的学习兴趣，提高学生的学习主动性，并为学生提供必要的帮助。同时，教师应该选择适当的教学模式和方法，以及因材施教，根据学生的个体差异为其提供可理解的语言输入。这样可以更好地提升学生的英语水平，实现英语教学的最终目标。不同的学生在不同的英语学习环节中的学习效果有所差异，这要求英语教育工作者要对学生的个体差异有充分的了解，在英语教学过程中针对不同学生的自身特点选择不同的教育和引导方式，努力做到在保证整体教学质量和进度的前提下，兼顾每个学生的具体学习情况，因材施教，挖掘学生的潜力，提升学生的学习主动性[①]。

二、全面性原则

（一）重视英语文化教学

在英语教学中，提高学生的英语综合素质、培养全面发展的英语人才是最终的目标，而非组织应对考试的专项训练和应试技巧教学。因此，我们应该注重对学生英语各项素质的全面培养，其中包括英语文化、语言特点与发展历史、风土人情、民族文化、中西方文化差异、不同民族

---

① 冯华，李翠，罗果.英语语言学与教学方法研究[M].长春：吉林人民出版社，2019：125-128.

价值观的研究、文学艺术等。学习英语不仅仅是学习词汇、语法与写作，更是学习英语的语言文化，因为语言本身既是文化的关键组成部分，同时也是文化的重要载体。因此，从语言的功能属性角度来看，对于文化的学习本身就是语言学习的重要组成部分。

跨文化交流不仅需要语言的精通，还需要对不同文化的了解与包容。不同的文化体系造就了不同的价值观和处事方式。通过中西方文化的对比与分析，学生可以通过英语语言的学习探寻中西方文化之间的异同，拓宽自己的文化视野，加深对于不同文化的理解，增强跨文化交流的意识，在实际交流中使语言使用更加准确、得体。

英语教育工作者在实际的教学管理和教学实践中，可以结合教材与相关读物，引出相关的文化知识，使学生对于英语文化有一个宏观的认知，而不是仅仅局限在工具性语言的学习。例如，在词汇教学的过程中，教师可以适当补充教学词汇的文化意义，对其来源、结构以及实际运用进行拓展。通过这种方式激发学生的学习兴趣，同时加深学生对词汇的理解和记忆，其效果要远胜于死记硬背。

（1）Muses 一词来源于希腊神话中的司职艺术与科学的女神缪斯，因此 Muses 的衍生词大多与艺术相关，music 是音乐、乐曲，museum 是收藏艺术品的博物馆，amusement 则是艺术与娱乐活动为大家带来的快乐。

（2）罗马神话中的花神芙罗拉，象征着生机勃勃的春天与姹紫嫣红的鲜花，其英文名称为 Flora。她拥有一座长满奇花异草的花园，因此 flora 在英语中有植物、植物群的意思，flora 的衍生词 flower 鲜花、florist 花店、floruit 全盛时期、floral 绘有花纹的等，均与花朵、植物、盛开等相关。

（3）在古希腊神话中，大地女神盖亚是重要的早期神祇之一，生于混沌，代表大地与生命。在希腊语中，盖亚的名字（Gaia 或 Gaea）有地球、大地的意思，在英语中，地球、大地的词根"ge-"以及"geo-"就来源于此，并衍生出众多相关词汇，皆与土地、地理、几何相关。例如，地理学的英文是 geography，地质、地质学的英文是 geology，geometry 则是几何学。

诸如此类的衍生词汇数不胜数，教师在实际教学过程中可以通过此种方式激发学生的学习兴趣，同时加深学生对于词汇的理解和记忆，其效果要远胜于死记硬背。

（二）探索新的教学模式

英语教育工作者可以尝试探索新的教学模式，以加强英语文化知识的教学，如在英语课堂上分配一部分时间来专门教授文化知识，或者定期举办英语沙龙、英语小短剧表演或者英语演讲比赛等活动。此外，在课堂内外都应鼓励学生学习相关英语文化知识。

对于英语教学管理，需要贯彻全面性原则。这意味着英语教学管理需要从整体出发，对整个英语教学系统进行全面系统的分析，并制定科学合理的教学规划。全面性应体现在英语教学的方方面面，如英语教学大纲的制定、英语教材的编写、英语教学模式的选择、英语教学工作的计划等，都需要用全面的眼光看问题，选取最优的组织管理形式将英语教学的各个环节有机协调起来，实现教学过程的整体优化。

三、实用性原则

尽管英语教育的主要目标是培养学生在现实生活中使用语言的能力和实用的英语交际技能，但英语教学的实用性常常被忽视。能够有效地进行交流对于英语学生来说至关重要，但在英语教育的某些阶段，其他语言学习方面往往优先于实用性。例如，在英语教育的初级阶段，强调语音学习和为整个学习过程打下坚实基础，但重点主要是基础训练，而非实际的交流技能的培养。

在中学阶段，学生面临着更大的学业压力，并且英语课程时间有限，所以中学阶段通常强调以考试为导向的教学，以提高分数为主要考量。因此，词汇和语法教学占据了课程的主导地位，而听力和口语技能只得到很少的关注。虽然与中学阶段相比，大学阶段的英语教学更加科学合理，但英语通常被视为通识教育要求，缺乏足够的重视。此外，由于需要通过英语水平考试（如 CET-4 和 CET-6），许多学生注重词汇、阅读和写作技能训练，而忽视了英语口语练习。

在研究生阶段，英语能力对于学术研究变得越来越重要，但学生需要平衡专业课程和提高交际能力的需求。

总的来说，我国的英语教育需要在学习的所有阶段强调实用性和交际技能，并着重于逐步培养学生长期实际运用英语的能力。

在英语教育中，实用性原则是至关重要的。英语本身是一种交流工具，提高学生的英语实际运用能力是英语教育的重要出发点和核心目标。然而，在英语教育的各个阶段都容易忽视实用性教学。因此，我们需要在英语教学的各个阶段贯彻实用性原则，逐步提升学生的英语运用能力。

在英语教学实践中，教师应该明确自己的主导地位和学生的主体地位，注重英语教学过程中的教师和学生的互动。英语教学的重点应该是英语交际能力的培养，而非仅仅掌握语言形式。因此，教师应该将英语作为交际工具来教授，并通过多种教学方式帮助学生将英语语言知识转化为英语交际能力。

在具体的英语教学实践中，教师应该注重讲、练、用相结合，通过英语口语教学和语言训练来培养学生的英语实际运用能力和交际能力。同时，教师还可以在教学过程中穿插英语交际能力的训练，通过模拟真实的英语交际环境来帮助学生身临其境地进行英语交际能力训练。

教师还可以利用多媒体、视频影像等手段，向学生展示英语国家的人们在不同语境下实际的交流过程中语言的使用，帮助学生对于英语在实际生活中的运用形成更加直观的印象。通过这些措施，英语教学可以更好地贯彻实用性原则，逐步提升学生的英语运用能力和交际能力。

在英语教学中，培养学生的英语交际能力是教学过程中较为重要的目标之一。教师在教学过程中应该发挥主导作用，引导学生积极学习和实践，帮助他们建立信心，克服英语学习中的心理障碍，提高英语运用能力。同时，教师应该将英语作为一种工具，帮助学生实现从语言知识向语言交际能力的转化，使他们掌握英语交际能力。在教学实践中，教师应该将教、练、用有机结合，引导学生创造性地运用英语，强化英语交际训练，提高英语口语表达能力。

教师可以在教学中创设英语交际的场景，模拟真实的英语交际环境，使学生能够身临其境地进行英语交际能力训练。同时，教师还可以通过多媒体、视频影像等手段向学生展示英语在实际生活中的运用。这些方法有助于提高学生的英语实际运用能力和英语交际能力。

需要注意的是，英语口语的教学与语言的操练是提高学生英语实际运用能力和英语交际能力的基础，但并不等同于英语交际能力的训练。因此，在加强英语口语教学和语言训练的同时，教师应该注重英语交际能力的训练，引导学生在掌握英语基本知识的同时，逐渐提高英语运用能力。

除了在课堂教学中强调英语的实用性原则，还可以通过其他方式来提高学生的英语实际运用能力和英语交际能力。例如，教师可以组织学生参加英语角活动，与其他母语为英语的人士进行口语交流，让学生在真实的英语交流环境中练习英语口语表达。此外，教师还可以鼓励学生参加英语演讲比赛、英语翻译比赛等活动，让学生在更加具体的语言应用场景中体验和提高自己的英语实际运用能力。

提高学生的英语交际能力，还可以注重培养学生的跨文化交际能力和语境意识。由于不同的语言和文化背景会影响交流双方的理解和表达，因此学生需要了解和尊重不同文化之间的差异，并且在实际交流中能够根据语境和情境做出适当的语言应对。教师可以在教学中引导学生注意不同语境下的语言表达方式和交际技巧，如在商务、社交、学术等不同场景下使用的语言表达方式的不同，以及如何根据情境和交际对象的不同选择适当的交际策略。

英语教育的实用性原则在教学中需要得到重视，并且需要通过多种途径来提高学生的英语实际运用能力和英语交际能力。教师需要注重英语教学的实际应用性和交际性原则，提高学生的主观能动性和英语实际运用能力，使学生在掌握英语基本知识的同时，能够在实际交流中熟练应用英语。

四、循序渐进原则

在英语教学的各个环节中，循序渐进的原则尤为重要。对于听力教学，应该从简单的单词、短语开始，逐渐增加听力材料的难度，过渡到句子、对话、文章等，同时要注重训练学生的听力技巧，如预测、推断、理解上下文等能力，使其逐渐适应英语的语音和语调，提高听力水平。在词汇教学中，应从常用的基础单词开始，逐步扩大词汇量，引导学生通过积累、记忆、运用等方式掌握词汇。同时，要注意提高所教词汇的实用性，如根据学生的兴趣爱好选择相关的单词，帮助学生在实际生活中运用所学词汇。

在阅读理解能力教学中，也需要遵循循序渐进的原则。刚开始时，应该选择简单的文章，让学生掌握基本的阅读技巧，如预测、猜测、推理等，然后逐渐增加文章的难度，引导学生提高阅读理解能力，同时要注重实用性和多样性，选择不同领域的文章，让学生了解不同的文化和思想，提高阅读能力和综合素质。

循序渐进的原则是英语教学中必须遵循的教学原则。科学合理地规划教学内容和方法，能够提高学生的学习兴趣和学习效果，让学生在学习英语的过程中不断进步，掌握实用的英语交际能力。

口语到书面语的过渡是英语教学中循序渐进原则的体现之一。从口语到书面语是一个语言能力不断提升的过程，其中词汇、句子结构、语法等方面的难度逐渐增加。通过英语口语的学习，学生可以掌握日常生活中的语言交际能力，并在此基础上逐步接受替代词汇、复杂句式的训练以及进行英语文化的学习等，提升书面语的使用能力和英语综合素养。在学习过程中，词汇的学习也需要循序渐进，中小学阶段所学习的词汇有相当一部分在大学阶段被替代，新的词汇更加正式、专业，更适合在正式场合或学术论文中使用。

英语教学过程中还应遵循循序渐进原则来培养听、说、读、写能力。在早期阶段，听、说练习占据课程的较大比重，以帮助学生掌握英语的发音、语调和提升口语表达能力。随着教学进度的推进，对英语读、写能力的培养力度逐渐加大，阅读和写作成为英语教学的重点。教学内容从简单对话到复杂讨论、从短文到长文到专业性较强的文章，都体现着循序渐进原则，逐步提高学生的语言能力。

英语教学中循序渐进原则是培养学生英语语言能力的重要原则。在教学过程中，教师需要合理规划教学内容，从易到难、由浅入深地帮助学生提升英语语言能力，同时注重实用性和多样性，使学生在实践中不断提高英语运用能力，逐渐达到英语交流自如和准确的目的。

五、趣味性原则

在英语教学中，激发学生的学习兴趣是非常重要的。我国学生由于缺乏英语学习所需的语言环境，因此很容易感到英语学习枯燥、疲倦，导致学习效果不佳。然而，如果能够培养学生的英语学习兴趣，就可以事半功倍，提高学生的学习效果。因为兴趣是最好的老师，它可以激发学生的学习热情和学习动力，让学生更加主动地参与到英语学习中来。因此，教师应该注重培养学生的学习兴趣，创造有趣、生动、具有挑战性的教学环境，以激发学生的学习热情和积极性。这样，学生在学习英语的过程中，就会感到更加有趣、有意义，从而获得更好的学习效果。

（一）重视激励的作用

在学习过程中，建立学习兴趣需要以自信心为基础，而自信心的建立离不开教师的认可和鼓励。早在20世纪80年代，我国教育界就已经认识到激励对于提高学生学习兴趣和主动性的重要作用，因此出现了激励教育的理念。心理学认为，激励行为是一种强化的过程，通过一定的刺激来引起个体心理上的变化，从而产生强化作用。人类的进步和发展需要建立主体意识，它可以帮助个体将社会的要求转化为自身的需求，并主动寻求进步和提高自我。激励教育作为重要的教育方式之一，可以激发学生的学习动机，培养学生的学习兴趣，提升学生的学习积极性和主动性。

在英语教学中，教师是激励的传导者，通过对学生的肯定和鼓励，给予其正向激励，培养学生英语学习的自信心，激发其学习主动性。激励方式有多种，如语言激励、任务激励、奖励激励和情感激励等。在这一系列的激励过程中，学生的兴趣会慢慢地增强，从被动接受英语教育逐渐变为主动学习英语，将英语学习视为自身发展的需要。外部激励也会逐渐内化为学生自我激励的意识和能力，有利于维持学生的英语学习兴趣。这样就形成了一个良性循环，即激励和自我激励—学习兴趣增强—学习成绩提升。

（二）提升教学趣味性

英语教学的趣味性对学生的英语学习成绩有显著的影响。为了达到提高英语教学趣味性的目的，教师应避免死板的教学，采用创新、灵活和有趣的教学方式，同时吸收各种教学流派的精华。这种方法可以活跃教学氛围，提高学生对英语学习的兴趣。从教学实践中可以看出，趣味性强的教学方法和相对宽松的课堂氛围有利于学生集中注意力学习英语。在这种氛围下，教师和学生之间可以形成一种"合作"关系，教师传授知识，学生积极思考，形成一种英语"教"与"学"的合力。当然，在创造宽松的学习环境之前，教师需要掌握好课堂纪律和教学活动的安排，以避免课堂混乱。

教材在英语教学中占据重要地位，教师除了要精心挑选教材外，还要充分挖掘教材中的兴趣点，激发学生学习英语的热情。教师可以选取一些辅助教材或英语读物，如英文杂志和短篇小说集，以拓展学生的思路，增加英语学习的乐趣。教材的重要性不容忽视，教师如果想要提高学生学习英语的积极性和主动性，就要对教材进行充分的挖掘和利用。

（三）改变传统评价模式

随着英语教育实践的不断发展，新时代英语教学对于评价模式提出了更高的要求。终结性评价体系可以评价学生在一定阶段内所达到的英语学习成果，对于学生的学习动力和自信心具有重要意义。传统的终结性评价模式注重成绩导向，虽然有其合理性，但忽视了对学生英语学习过程的考查，且单一的评价体系可能消磨学生的学习热情。形成性评价体系更加注重学生的英语学习过程，可以帮助教师了解教学过程中存在的问题，及时发现并纠正学生在英语学习过程中存在的学习错误，并根据具体的教学实践改进教学方法。两种评价体系并非完全对立，而是相互补充的关系。为了促进学生的全面发展，英语教育工作者应该以学生为本，注重学生的整个学习过程，充分发挥两种评价体系的优点，在减少学生英语学习压力的同时，提升其英语学习水平，为国家和社会培养更多英语人才。因此，英语教育工作者应该注重学生的全面发展，淘汰终结性评价中的不合理因素，将终结性评价与形成性评价相结合，从而更好地反映学生在英语学习过程中的真实表现。

第五节　高校英语教学的教学内容

教学内容是指在教学过程中，教师与学生之间互动形成的一系列知识、技能、概念、观点、行为习惯等的总和。在英语教学中，教学内容的设置需要考虑到学科本身的知识体系、第二语言习得的特点、学生的学习目的、学生自身的素质等多种因素。英语教学内容主要包括语言知识和语言技能、文化意识、情感态度以及学习策略等方面。其中，语言知识和语言技能是英语教学的核心内容。

英语教学的知识和技能主要包括五个方面：听力教学、写作教学、口语教学、文章阅读教学、翻译教学。听力教学主要包括听力材料的选取、听力策略的培养、听力技能的训练等方面，旨在提高学生的听力理解能力和听力应用能力；写作教学主要包括写作技巧的培养、写作流程的训练、写作结构的设计等方面，旨在提高学生的写作表达能力和写作应用能力；口语教学主要包括口语练习的方式、口语技巧的培养、口语语音的调节等方面，旨在提高学生的口语表达能力和口语应用能力；文章阅读教学主要包括阅读策略的培养、阅读技巧的训练、阅读理解能力的提高等方面，旨在提高学生的阅读能力和阅读应用能力；翻译教学主要包括翻译技巧的培养、翻译策略的训练、翻译质量的提升等方面，旨在提高学生的双语翻译能力和跨文化交际能力。

除了语言知识和技能，英语教学还包括文化意识、情感态度以及学习策略等方面的内容。文化意识是指学生对英语国家文化的了解和认识，包括英语国家的历史、地理、习俗、文化艺术等方面；情感态度是指学生对英语学习的情感态度和学习动机，包括学习兴趣、学习自信、学习责任等方面；学习策略是指学生在学习英语过程中采取的一系列有效的学习方法和技巧，包括记忆技巧、笔记技巧、听力技巧、口语技巧等方面。教师需要引导学生在英语教学中培养文化意识、情感态度和学习策略等方面的能力，让学生在学习英语的过程中增强对英语文化的理解，保持良好的情感态度和积极的学习动机，并且掌握一系列有效的学习方法和技巧，提高英语学习的效率和质量。

一、语言知识与语言技能

语言知识与语言技能共同组成了英语教学内容的主体。语言知识是英语学习和运用的基础，英语语言技能的形成与提升是以语言知识为基础的。英语语言知识包括词汇、语音、语法、功能与话题五个方面，这五部分内容之间是相互联系、相互影响的。只有具备良好的词汇与语法基础，才能将语言知识应用到实际话题之中；只有掌握了这些基本的语言知识，才能灵活地运用英语。语言知识是英语学习的基础内容，是学习与运用英语的基本保障。

语言技能主要包括听力、口语、阅读、写作与翻译等内容，语言技能教学的主要目标是提升学生的语言交际能力。这五方面的内容是相辅相成的，听力教学帮助提升学生的理解能力，口语教学则使学生能够将自己的思想通过英语语言表达出来，阅读和写作教学训练的是学生的书面表达能力，翻译则是学生英语综合运用能力的体现。

提升学生的英语综合素质与实际运用能力，需要针对语言知识和语言技能进行全面的教学与大量的训练。英语能力的提升不是一朝一夕可以实现的，语言学习是一个缓慢的过程。需要打好基础，坚持训练，稳步发展。英语教育工作者也应该针对教学的不同阶段或不同的学生群体制定不同的英语教学任务与教学目标，以达到最佳的教学效果。

二、学习策略

英语学习策略是学生为提升英语学习的效率与质量，综合自身的语言学习特点和学习习惯，制定形成的学习方法与学习手段的总称。学习策略主要包括认知策略、交际策略、资源策略与调控策略。

好的学习策略对于学生的英语学习大有裨益，不仅能够提升学习的效率，而且可以帮助培养学生的自主学习能力，有利于学生的长期发展。英语教师在实践教学中应该重视对学生学习策略的培养，鼓励学生探索不同的学习策略，帮助学生确定适合自己的学习策略，并在学习的过程中对自己制定的学习策略进行调整和完善。

教师还可以组织学生进行学习策略的讨论，分享高效的学习策略，在互动、交流、分析的过程中发现自己学习策略的不足，汲取其他学习策略的长处，在相互学习中实现共同进步。当然，学习策略的制定与调整因人而异，必须符合学生个体的学习特点和发展需求。学习策略与个体特点的适配度高，才能真正提升英语学习的效果。

三、文化意识

文化教学是英语教学的重要组成部分，对学生文化意识的培养对于提升学生对于英语的理解和运用能力十分重要。英语文化教学涉及英语国家的历史文化、风俗传统、自然地理、风土人情、交流习惯、生活方式等各个方面，而作为文化载体的语言，英语从构词到语法，从句型到行文，处处都体现着这些文化特征。因此，英语背后文化知识的学习，对于英语语言知识和语言技能的学习十分重要，它能帮助学生更好地理解英语中的许多表达与用法，让学生的语言学习更加顺畅，语言使用更加得体。

通过以上论述，文化知识在英语学习中的重要性可见一斑，但是在我国的英语教学评价体系中鲜有对于文化内容的考查，容易让教师与学生忽视英语文化教学的重要性。这就要求教师在英语教学的过程中有意识地渗透文化知识的介绍，完善学生对于英语文化的认知，帮助学生形成文化意识，同时要注意结合本民族文化进行讲解，让学生在文化对比中提升对于英语文化体系的认知水平，同时增强民族文化自豪感，在文化包容中培养学生的英语运用能力。

四、情感态度

情感态度因素主要分为两部分，分别是教师对待英语教学的情感与态度，以及学生的学习兴趣、学习意志、学习动机、世界观与价值观等。

情感态度是从教师和学生的主观情感角度对英语教学活动进行考察，教师与学生的情感态度、不同学生之间的情感态度都会相互影响。在日常的教学过程中，教师应该注意学生情感态度的变化，对学生进行恰当的引导与鼓励，提升学生的学习兴趣，增强学生学习的自信心和意志力，帮助学生形成稳定、合理的学习动机。教师应该及时发现并帮助学生排解消极情绪，鼓励学生以积极的情绪和态度进行学习。

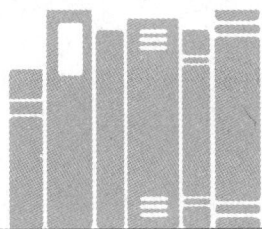

第二章　教学设计与课堂教学设计

第一节　教学设计的定义

在当今这个快速发展的信息时代，教育已经成为一个至关重要的领域。为了适应这种发展，教学设计逐渐成为一个重要的概念。下面将详细介绍教学设计的定义，并分析其核心要素和设计过程。

教学设计（Instructional Design，ID）是一门研究如何设计、开发、实施和评估教育课程和教学材料的学科。它包括对教学目标、教学内容、教学方法、学习者特征、评估标准等方面的系统分析和整合，以实现有效的教学和学习。教学设计的目的是帮助教育者更好地传授知识和技能，提高学习者的学习成效和满意度。

一、教学的定义

理解教学这个概念，我们可以从以下三个关键点来探讨：

首先，教学是一个教师和学生双方的互动过程。只有在教师教授知识和学生积极学习的情况下，才能构成真正意义上的教学。这一点使得教学与仅仅是获取知识的自学有着本质上的不同。

其次，教学是在教师的引导下，学生主动参与学习的过程中进行的。它具有明确的目标、详尽的计划和严格的组织。这一点使得教学与非组织化、自发性的学习过程有着本质的区别。

最后，教学是一种多元化的教育活动。它不仅要向学生传授系统性的知识和技能，发展学生的智力、能力和体力，还要培养学生的道德观念、情感、意志力和个性。因此，教学是一种旨在全面促进学生身心发展的教育活动，这使得教学与仅关注智力发展的智育有所区别。

课堂教学是教育教学过程中最常见的教学形式，其主要特点是将年龄和知识水平相近的学生分为固定人数的班级，按照各学科课程标准组织教学内容，选择合适的教学方法，依据固定的时间表进行授课。

教学，可定义为一系列有计划、有组织、有目标的教育活动①。其中教师通过传授知识、技能、价值观和思维方式，引导学生积极参与学习过程，旨在促进学生在智力、能力、体力、思想品德、情感、意志力和个性等多个方面的全面发展。在这一过程中，教师与学生之间的互动和学生的主动参与是不可或缺的关键要素。

二、教学过程

在学校教育中，课堂教学作为主要渠道，承载着促进学生学习、成长和发展的重要任务。课堂教学过程具有独特性，因为它涉及师生之间的信息传递、转化和相互影响。教师需要根据教学目标、任务以及学生的身心发展特点，运用课堂环境，使学生掌握科学文化基础知识和基本技能，发展智力和体力，培养情感和意志，逐步形成健康的世界观和道德品质。

课堂教学过程中的要素可以分为"三要素""四要素"和"七要素"三种说法。其中，"三要素"包括教师、学生和教材：教师是主体，负责教学活动的设计、组织和实施；学生是客体，为教学对象；教材是教学内容，是连接教师和学生的纽带。"四要素"在"三要素"的基础上增加了教学手段，强调教学方法在实现教学目标中的重要作用。"七要素"更为全面，包括学生、目的、课程、方法、环境、反馈和教师。我国教学论专家李秉德教授指出，在这"七要素"中，学生是学习的主体，教学目的主要通过具体课程和方法实现。课程和方法分别受制于教学目的和

---

① 褚俪华 . 叩启智慧之门 "乐疑"课堂教学探微 [M]. 长沙：湖南教育出版社，2016：11.

课程本身，教学环境受制于外部条件，反馈体现在师生双方关于课程和方法的反应，而教师是其他各要素的中介。

苏联教育家凯洛夫所提出的基于班级授课的"五环节教学"在我国教育领域产生了长达半个多世纪的深远影响，被一代代的教育者所尊崇并广泛运用于教学实践。这一教学法将课堂教学分为五个关键环节：组织教学、回顾旧课、解析新课、巩固新知、布置作业。这种教学模式有助于系统地传授知识，能显著提升学校在文化和科学领域的教学质量[①]。

然而，这一教学法过分注重书本知识的学习和教师在教学过程中的主导地位，较少关注学生在学习过程中的主体作用。学生学习的积极性和主动性并未得到足够重视，对于培养学生思维能力和个人能力的关注度亦不够。这些因素不利于创新型人才的培养，暴露出传统教学方式的一些弊端。

为了解决传统"五环节教学"的弊端，教育者需要对教学模式进行改进和创新。一方面，关注学生在学习过程中的主体地位和积极参与。教师可以鼓励学生提问、发表观点，以及参与课堂讨论，激发他们的积极性和主动性。另一方面，注重培养学生的创新能力和思维能力。教师可以引入问题解决、合作学习等教学方法，帮助学生发展独立思考能力、批判性思维和创新能力。同时，适当减轻对书本知识的依赖，让学生在实践中探索新知识，形成自己的认知体系。

美国教育心理学家加涅（Gagne）在《教学设计原理》一书中，把学习过程分为九个阶段。

（1）通过接收器接受刺激；

（2）通过感觉登记器登记信息；

（3）确保选择性知觉信息，以便在短时记忆中储存；

---

① 陈伟丽，王岩．俄罗斯教育改革之路[M]．长春：吉林大学出版社，2016：247．

（4）通过复述在短时记忆中保持信息；

（5）为了在长时记忆中保存而对信息进行语义编码；

（6）将长时记忆中的信息提取到工作记忆中；

（7）反应生成并进入效应器；

（8）学习结果表现于学习者的环境中；

（9）通过执行策略对过程实行控制①。

根据上述学习的九个阶段，加涅把教学过程（他称之为教学事件）分为九个阶段：

（1）引起注意，确保刺激被接受；

（2）告知学习目标，建立适当的预期；

（3）提示学习者从长时记忆中提取先前习得的内容；

（4）以清晰和富有特色的方式呈现材料，确保选择性知觉；

（5）以适当的语义编码指导学习；

（6）引出行为表现，包括反应生成；

（7）提供关于行为表现的反馈；

（8）测量行为表现，包括额外的反应反馈机会；

（9）安排多种练习，以巩固学习成果并提高学习者在不同情境中的应用能力。

加涅的教学设计原理强调了教学活动的有序性和结构性，以确保学习者能够逐步地、有效地掌握知识和技能。这种教学设计方法有助于教师在规划教学活动时更有针对性地安排各种教学环节，从而提高教学效果。

我国教育心理学家皮连生教授在加涅总结的教学过程的基础上构建

---

① 加涅.教学设计原理[M].皮连生，译.上海：华东师范大学出版社，1999：34.

了"六步三段两分支"的现代教学过程模型[①]。

六个步骤为告知目标、复习旧的知识、提供新材料、促进新知识、变式练习和巩固迁移。六个步骤可分为三个阶段：第一阶段为知识习得阶段，包括第一步到第四步；第二阶段为知识巩固阶段，包括第五步；第三阶段为知识应用与迁移阶段，包括第六步。从第四步开始，过程分为两个分支：陈述性知识学习的分支包括第五、第六步，程序性知识学习的分支也包括第五、第六步。这个过程与传统教学过程在形式上相似，但有以下区别：传统教学过程侧重于教师的教学行为，而新模型关注教师与学生双方的互动。这种模型被称为"学教并重"模型，亦可称为授导型或主导型。

新模型从第五步开始体现了知识分类学习思想，分为陈述性知识学习和程序性知识学习两类。

通过分析上述教学过程模型，我们可以看出教学过程由一系列相互关联的环节组成。虽然没有固定的模式，但一般认为教学过程中包括六个关键阶段：激发求知欲、感知教材、理解教材、巩固知识、运用知识以及检查知识技能和技巧。

对于以目标为导向的单节课的课堂教学过程，其整体课堂结构可以分为三个部分：导入环节、新授环节和评价环节。其中，新课部分由一个或多个教学目标的实施过程组成。

三、教学设计

教学设计是一种系统性的计划和操作过程，旨在提高教学效果。不同专家对教学设计的定义有所不同，但总体而言，它涉及系统方法对教学问题的分析，对解决方案的制订、试行和评估，以及对方案的修改。

[①]　皮连生，刘杰. 现代教学设计 [M]. 北京：首都师范大学出版社，2010：90.

教学设计建立在教学理论、学习理论和传播理论的基础上。这些理论为教学设计提供了理论支撑和指导。教学设计采用系统科学的方法，对教学目标、教学内容、教学媒体、教学策略和教学评价等要素进行全面分析和规划。

不同学科对于教学设计的定义和要求可能会有所差异。下面列举了一些学科领域及其在教学设计上的特点：

（1）语言学。在语言学领域中，教学设计关注提高学习者的语言能力，包括听、说、读、写等方面。设计的重点包括有效的教学策略、交际法和任务型教学法等，以及实践和互动的机会。

（2）数学。数学教学设计强调逻辑思维和问题解决能力的培养。因此，设计应关注概念理解、技能运用以及批判性思维的发展。此外，数学教学设计需要考虑如何将抽象概念与现实生活中的问题相联系，使学生更好地理解数学的应用价值。

（3）自然科学。自然科学教学设计旨在培养学生的科学探究能力和实验技能。设计应包括理论知识的讲授、实验操作的演示以及实践的机会。此外，自然科学教学设计还需要关注跨学科知识的整合，以便让学生了解科学在现实世界中的应用。

（4）社会科学。社会科学教学设计关注培养学生的批判性思维、价值观念和道德意识。教学设计应包括对理论知识的讲授、案例分析以及讨论等多种教学形式。此外，社会科学教学设计需要关注多元文化背景下的知识传递，以便培养学生的全球视野和跨文化交流能力。

（5）艺术。艺术教学设计强调对学生创造力和审美能力的培养。设计应关注技巧的讲授、作品分析以及创作实践等方面。艺术教学设计需要为学生提供足够的自由度和创作空间，以便他们能够发挥个性和创新精神。

（6）技术与工程。技术与工程教学设计旨在培养学生的实践能力和创新意识。设计应包括理论知识讲授、实际操作演示以及项目实践等环节。此外，技术与工程教学设计需要关注学生的团队协作能力，以便他们在现实工作中更好地应用所学知识。

尽管不同学科对于教学设计的定义和侧重点有所不同，但它们都遵循一些共同的原则。

第二节　教学设计的类型

一、讲授型、探究型、主导型

教学设计可以从理论基础（特别是学习理论）的角度进行分类，主要包括讲授型教学设计、探究型教学设计和主导型教学设计。这些类型各自具有不同的特点和优缺点。

（一）讲授型教学设计

讲授型教学设计是一种以教师为中心的教学方法，主要侧重于教师的授课和对学生的知识传授。这种教学设计方法旨在帮助教师更好地备课、讲解知识点并确保学生能够掌握所教授的内容。以下是讲授型教学设计的一些特点。

1. 教师为主导

讲授型教学设计以教师为核心，强调教师在课堂中的主导作用。教师通常会事先准备教案、设计课堂活动，以确保教学内容的完整性和连贯性。

2. 知识传授

讲授型教学设计主要关注知识的传授。教师通过讲解、示范等方式，将知识清晰地传递给学生，使学生能够理解和掌握所学内容。

3. 结构化教学

讲授型教学设计通常采用结构化的教学方式。教师会按照预定的教学计划和教学顺序进行教学，确保课程内容的条理性和系统性。

4. 学生被动接受

在讲授型教学设计中，学生通常扮演被动接受知识的角色。学生主要通过听讲、记笔记、完成练习等方式来吸收和巩固所学知识。

5. 评估与反馈

讲授型教学设计通常会通过测试、作业等形式对学生的学习成果进行评估，以便教师了解学生的学习进度并给予适当的反馈。

尽管讲授型教学设计具有一定的优势，如有助于教师对整个教学活动进程的监控和对系统科学知识的传授，但它也存在一定的局限性。由于讲授型教学设计过分侧重教师的教学，可能导致学生缺乏自主学习、探究能力，以及发散性思维、批判性思维和想象力，因此，在实际教学中，教师应适当调整教学方法，以更好地满足学生的学习和发展需求。

（二）探究型教学设计

探究型教学设计是一种以学生为中心的教学设计，强调学生在学习过程中的主动性和自主性，鼓励学生通过自我探究、建构和发现来获得知识。这种教学设计方法旨在培养学生的创新精神、批判性思维以及独立解决问题的能力。以下是探究性教学设计的一些特点。

1. 学生为主体

探究型教学设计以学生为核心，强调学生在课堂中的主体地位。教师在教学过程中起到引导、启发和支持的作用，帮助学生发现问题、分析问题和解决问题。

2. 自主探究

探究型教学设计鼓励学生通过自主探究和实践来获取知识。学生可以通过实验、观察、讨论等多种方式，亲自参与到学习过程中，以提高理解和应用知识的能力。

3. 问题导向

探究型教学设计通常以问题为导向，教师会提出具有挑战性和启发性的问题，引导学生进行深入的思考和探讨。这有助于培养学生的问题意识和解决问题的能力。

4. 合作学习

探究型教学设计强调学生之间的合作与交流。学生可以通过小组讨论、合作探究等方式，共同分析问题、分享资源和经验，以提高学习效果。

5. 反思与评价

探究型教学设计鼓励学生进行反思和自我评价。学生在探究过程中需要不断思考自己的学习方法、策略和成果，以便调整学习计划并提高学习效果。

探究型教学设计具有许多优点，如可以培养学生的创新精神、批判性思维和独立解决问题的能力。然而，它也存在一定的局限性，如可能忽视教学目标分析和教师主导作用的发挥。在实际教学中，教师必须灵活运用探究型教学设计，并结合其他教学设计类型，以实现教育目标并促进学生的全面发展。

（三）主导型教学设计

主导型教学设计，也称为授导型教学设计或"学教并重"的教学设计，旨在平衡教师的主导作用和学生的主体地位。这种教学设计方法兼顾了讲授型和探究型教学设计的优点，既强调教师在教学过程中的引导和支持，也关注学生的自主学习和探究能力。以下是主导型教学设计的一些特点。

1. 教师主导

在主导型教学设计中，教师发挥关键的引导作用，通过设计教学内容、教学过程和教学评价，为学生提供清晰的学习目标、路径和反馈。

2. 学生主体

主导型教学设计强调学生的主体地位，鼓励学生根据自己的兴趣和需求参与学习过程，培养学生的自主学习能力、批判性思维和创新能力。

3. 灵活教学

主导型教学设计具有较高的灵活性，教师可以根据学生的特点和实际情况调整教学策略和方法，以实现教育目标并满足学生的个性化需求。

4. 互动与合作

主导型教学设计强调教师与学生之间的互动和学生之间的合作。通过课堂讨论、小组活动等方式，教师可以及时了解学生的学习情况，为学生提供个性化的指导和支持。

5. 反思与评价

主导型教学设计关注学生的反思与自我评价。教师可以通过设置反思任务、设计评价工具等方式，帮助学生了解自己的学习进度和不足之处，从而调整学习策略并提高学习效果。

主导型教学设计具有许多优势，如有利于学生知识技能和创新能力的培养，同时也有利于学生情感和价值观的培养。教师在实际教学中应灵活运用主导型教学设计，并结合讲授型和探究型教学设计，以实现教育目标并促进学生的全面发展。

总之，教学设计需要根据教育目标和学科特点选择合适的类型。讲授型、探究型和主导型教学设计各具优缺点，教师应灵活运用这些教学设计方法，以实现教育目标并培养学生的综合素质。

二、宏观型、中观型、微观型

将教学设计按照宏观、中观和微观层次进行划分，有助于我们全面理解教学设计的不同方面和层次。下面是这三个层次的教学设计的简要说明。

（一）宏观型教学设计

宏观型教学设计主要关注整个课程或教育体系的规划和设计。它包括确定课程目标、课程结构、课程内容、教学方法和评价方式等方面。宏观型教学设计的目的是确保教学活动与教育目标的一致性，为学生提供系统化、有序的学习体验。

（二）中观型教学设计

中观型教学设计主要关注单元或模块层面的教学设计，包括确定单元或模块的目标、内容、教学活动和评价方法等。中观型教学设计需要考虑如何将宏观层面的课程目标细化为可操作的单元或模块目标，以及如何组织和安排教学活动以实现这些目标。

（三）微观型教学设计

微观型教学设计主要关注单次课程或教学活动的设计。这包括教师在课堂上如何进行教学、如何激发学生的兴趣和参与、如何组织学生进行合作学习、如何提供及时有效的反馈等方面。微观型教学设计需要教师具备敏锐的观察力和教学技巧，以便在课堂上灵活调整教学策略，以满足学生的个性化需求。

这三个层次的教学设计相互关联，共同构成了一个完整的教学设计体系。教师需要在不同层次上进行教学设计，以确保教学活动的有效性和高质量。

三、普通型、多媒体型、网络型

教学设计是一个非常重要的教育活动，它对学生的学习成效和教师的教学效果都有重要的影响。根据教学环境的不同，教学设计可以分为三种类型：普通型、多媒体型和网络型。下面是对这三种类型的分析和论证。

（一）普通型教学设计

普通型教学设计是指在传统教室环境下进行教学的教学设计。这种教学设计主要依赖于教师的口头授课和学生的笔记，学生主要依靠教师的教学来获取知识和技能。这种教学设计在传统教室环境下使用较多，但由于其单调和缺乏互动性，可能无法满足学生的多样化需求，而且教学效果也容易受到教师的水平和学生的参与度的影响。

（二）多媒体型教学设计

多媒体型教学设计是指在多媒体教室环境下进行教学的教学设计。这种教学设计采用多种教学媒体，如图像、声音、视频、动画等，使得教学过程更加生动、直观，可以提高学生的学习积极性和学习效果。在这种教学环境下，教师可以更好地组织学生进行互动和协作学习，因为多媒体技术可以提供更多的教学资源和学习机会。但是，多媒体型教学设计也需要注意，如果设计不当，可能会分散学生的注意力，降低学习效果。

（三）网络型教学设计

网络型教学设计是指在网络教室或互联网环境下的教学设计。这种教学设计可以利用互联网技术实现远程教学，可以打破地域、时间等限制，同时也提供了更多的学习资源和互动机会。在这种教学环境下，学生可以更自主地学习，教师也可以根据学生的特点和需求进行更加精细化的教学。网络型教学设计需要考虑学生的技术能力、网络带宽等因素，同时需要设计更多的学习评价和反馈机制，以确保学生的学习效果和质量。

第三节 教学设计的过程

教学设计的过程是一个有计划、有目标、有步骤的过程，是指教师在设计和实施教学活动时所采取的一系列操作和步骤。

一、需求分析阶段

在需求分析阶段，教师需要了解学生的背景和知识水平、学习目标和需求，以及教学的环境和资源。这些信息有助于教师确定教学目标和任务。具体包括以下几个方面。

第一，学生的背景和知识水平。了解学生的受教育程度、学习经验、专业领域和语言水平等方面的信息，可以帮助教师了解学生的基础和掌握情况，从而更好地制定教学策略。

第二，学习目标和需求。明确学生学习的目标和需求，包括知识、技能和态度等方面的要求，从而可以选择合适的教学内容和方法。

第三，教学环境和资源。了解教学的时间、地点、人员配备、设备设施等方面的情况，可以为教师提供必要的支持和保障，确保教学顺利进行。

二、教学策略阶段

在教学策略阶段，教师需要根据学生的需求和情况，制定出适合的教学策略，包括教学内容、教学方法和教学资源等方面。具体包括以下几个方面。

第一，教学内容。根据学生的学习目标和需求，确定教学的内容和范围，包括知识、技能和态度等方面的内容。

第二，教学方法。根据学生的学习特点和教学目标，选择合适的教学方法，包括讲授、讨论、实践、案例等多种教学方法。

第三，教学资源。为学生提供必要的教学资源和工具，包括教材、案例、演示、多媒体等多种形式的教学资源和工具。

第四，评估方式和工具。确定教学的评估方式和工具，包括测试、作业、考试、自评等多种方式和工具。

三、教学实施阶段

在教学实施阶段，教师需要根据教学计划进行教学活动，使用教学资源和工具，与学生互动交流，引导学生学习。具体包括以下几个方面。

第一，教学活动。根据教学计划实施教学活动，包括讲解、演示、练习、讨论等多种教学活动。

第二，教学资源和工具。根据教学策略提供的教学资源和工具，支持学生的学习和实践活动。

第三，学生互动和交流。鼓励学生之间进行互动和交流，促进学生之间的协作和合作，帮助学生更好地理解和掌握所学内容。

第四，引导学生学习。根据学生的学习特点和进展，采取不同的教学策略和方法，引导学生主动学习，培养学生的学习能力和习惯。

四、教学评价阶段

在教学评价阶段，教师需要对学生的学习成果进行评估，反思教学活动的效果，发现问题和改进的方向，持续优化教学设计和教学的实施。具体包括以下几个方面。

第一，评估学习成果。对学生的学习成果进行评估，包括测试、作业、考试、自评等多种方式。

第二，教学效果评估。对教学活动的效果进行评估，包括学生反馈、课程评估等多种方式。

第三，反思和改进。对教学活动进行反思和总结，发现问题和改进的方向，持续优化教学设计和教学的实施，提高教学质量和效果。

以上是教学设计的基本过程和阶段，不同的教学环境和场合，教学设计可能有一些差异和变化，但总体的原则和方法是相通的。教学设计的核心在于根据学生的需求和情况制定出适合的教学策略，帮助学生更好地学习和发展。

第四节 课堂教学设计的过程

一、教学设计和课堂教学设计的联系与区别

教学设计和课堂教学设计既有联系又有区别。下文将详细论述它们之间的联系与区别。

（一）两者联系

1. 目标一致

教学设计和课堂教学设计都以提高教学质量、促进学生学习为最终目标。它们共同关注学生的学习需求和教学目标的实现。

2. 相互依赖

课堂教学设计是教学设计的一个子集，它们之间相互依赖，相互影响。一个优秀的教学设计需要在具体的课堂教学环境中得到有效的实施，而成功的课堂教学设计则需要依据整体的教学设计来制定。

3. 同样遵循教学原则

无论是教学设计还是课堂教学设计，都需要遵循教育学、心理学等相关学科的教学原则，如目标明确、适度引导、注重实践等。

（二）两者区别

1. 范围不同

教学设计是一个更宏观的概念，涵盖了整个教育过程的方方面面，包括课程设计、教学方法、教学资源、评估方式等。课堂教学设计则更聚焦于具体的课堂环境中的教学活动。

2. 关注点不同

教学设计关注整个教育过程的规划与实施，包括课程的整体结构、教学目标和评价等。而课堂教学设计主要关注如何在课堂环境中组织教学活动以实现教学目标，涉及教学内容、教学策略、教学方法和教学媒体等。

3. 实施层面不同

教学设计在实施过程中往往涉及课程计划、教学资源的整合、教师培训等多个层面。课堂教学设计则主要体现在具体的课堂教学过程中，如教师与学生的互动、学生的学习与评价等。

二、课堂教学设计的基本步骤

根据加涅的《教学设计原理》，课堂教学设计的基本过程可以分为以下六个步骤。

步骤一：设计教学目标。依据目标分类理论对教材内容进行分类，结合课程标准和学生学习水平制定教学目标。这是教学设计的核心环节。

步骤二：设计教学策略。在确定教学目标后，需要针对每个教学目标设计实施方法，即教学策略。这是教学设计的关键环节，决定目标实施的教学过程。

步骤三：组织教学内容。教学内容包括支持教学目标实施策略的内容、支持新课导入和课堂教学评价的内容。教学内容设计是教学设计的中心环节，关系到教学目标实施的效果。

步骤四：选择教学方式和方法。设计如何向学生传递或呈现教学内容，即选择教学方式和方法。这是教学设计的重点，影响教学质量。

步骤五：选择教学媒体。在确定教学方式和方法后，需要选择支持相应方式方法的教学媒体。合适的教学媒体可以提升教学效果，让教学活动更轻松愉快。

步骤六：撰写教学过程和结构方案。最后用适当的形式将教学过程和结构撰写出来，形成教学过程和结构方案，为教师实施教学提供基本保障。

第三章　高校英语课堂教学设计
——学习者要素分析

第一节　学习者的知识与能力

一、学习者分析

学习者分析在教学设计过程中占据了重要的地位，教学设计的目的是满足学习者的需求，提高学习效果。因此，为了取得教学设计的成功，必须重视对学习者的分析，这将有助于教师根据学生的特点进行个性化教学，从而提高教学效果。

学习者的特征包括智力因素和非智力因素两个方面。智力因素主要包括知识基础、认知能力和认知结构变量等，这些因素直接影响学生对新知识的理解、掌握和运用。而非智力因素则包括兴趣、动机、情感、归因类型、焦虑水平、意志、性格以及学习者的文化和宗教背景等，这些因素影响学生对学习的态度和投入程度。

（一）学习者分析关注的因素

学习者分析关注学习者的背景信息，包括学生的年龄、性别、家庭背景、文化和宗教背景等。了解这些信息有助于教师更好地理解学生的需求和特点，从而进行更有针对性的教学设计。

1.认知准备状态

包括学生的知识基础、认知能力和认知结构等。了解学生的认知准备状态有助于确定教学起点，提高学习效率。

2.情感准备状态

包括学生的兴趣、动机、情感、归因类型等。了解学生的情感准备状态有助于提高学生的学习积极性和投入程度，从而提高学习效果。

3. 学习风格

包括学生的思维方式、学习习惯和偏好等。了解学生的学习风格有助于教师采用适合学生的教学方法和媒体，满足学生的个性化需求。

在进行学习者分析时，还需要关注学习者个体的身体状况、家庭背景、同伴情况和所在集体的总体情况等。这些因素可能会对学生的学习产生一定的影响，教师应在教学设计中加以考虑。

（二）学习者的知识、能力起点分析

学习者的知识、能力起点分析是学习者分析的重要部分。通过了解学生的知识、能力起点，教师可以准确地确定教学起点，提高教学效率，保证良好的教学效果。同时，这也有助于教师正确地选择教学方法和教学媒体。

了解学生是否具备进行新学习所必需的知识与技能，是从事新学习教学的基础。预备知识的性质、正确性、概括性水平、巩固程度和清晰性等都应纳入分析范畴。

在进行新学习教学之前，了解学生对目标技能的掌握情况，有助于教师根据学生的实际需求调整教学内容，补充学生尚未掌握的预备技能，删除他们已经掌握的部分目标技能。

学习者分析的重要性得到了教育心理学家的认可。美国认知教育心理学家奥苏伯尔曾说："假如我把全部教育心理学归结为一条原理的话，那么，我将一言以蔽之：影响学习的唯一最重要的因素，就是学习者已经知道了什么。要探明这一点，并应据此进行教学。"[1]

为了实现有效的教学设计，教师需要通过对学习者进行细致的分析，了解学生的原有知识、能力起点和认知水平。这将有助于确定当前所学

---

[1] 谭习龙. 如何形成教学风格：名师典型案例的多维解读·综合卷之二 [M]. 广州：广东高等教育出版社，2016：142.

新概念、新知识的教学起点，并为后续教学系统设计提供重要依据。

学习者分析在教学设计过程中具有重要意义。教师需要关注学生的知识基础、认知能力、情感准备状态和学习风格等多个方面，以便进行有针对性的教学设计。这样的教学设计将更好地满足学生的个性化需求，提高学习效果，从而实现教学目标。通过对学习者的深入分析，教师可以更好地理解学生的需求，调整教学策略，进一步提高教学质量。

二、学习者的知识起点分析

（一）英语学习者知识起点分析的 8 方面

1. 语音

教师需要了解学习者对于英语语音的掌握情况，包括是否能正确发音，以及是否有较强的语音辨识能力。

2. 语法

教师需要了解学习者对于英语语法的掌握情况，包括是否能正确运用词汇和语法规则，以及是否能够理解复杂的语法结构。

3. 词汇

教师需要了解学习者对于英语词汇的掌握情况，包括是否能正确理解和使用单词、短语和惯用语，以及是否具备一定的词汇量和应用能力。

4. 阅读和听力

教师需要了解学习者对于英语听力和阅读的掌握情况，包括是否能够理解口语和书面语，以及是否能够掌握一定的听力和阅读技巧。

5. 写作和口语

教师需要了解学习者对于英语写作和口语的掌握情况，包括是否能够正确表达思想、使用语言技巧，以及是否能够自如地使用英语进行口语交流。

6. 学习风格

教师需要了解学生的学习方式和偏好，如视觉型、听觉型或动觉型。这有助于教师调整教学方法，以适应不同学生的学习需求。

7. 学习动机

教师需要了解学生学习英语的动机，包括内在动机（兴趣、好奇心）和外在动机（考试、职业发展等）。这有助于提高学生的参与度和学习效果。

8. 社会文化背景

教师需要了解学生的家庭、社会和文化背景，以便更好地理解他们在学习过程中可能面临的挑战和学习的特点。

通过对以上各方面的了解和分析，教师可以更有针对性地制订教学计划，满足学生的需求并提高教学效果。

（二）英语学习者知识起点分析的具体途径

1. 综合评估

评估结果不应该只考虑单一的内容，而应该综合考虑学习者的英语听说读写等方面的能力水平，以便更全面地了解学习者的英语水平和英语学习特点。

2. 灵活调整

教师需要根据学习者的学习特点和英语能力水平，灵活调整教学方法和教学内容，以便更好地满足学习者的学习需求。

3. 学习者自我评估

除了教师的评估外，学习者也可以通过自我评估的方式，了解自己的英语能力水平和学习需求，以便更好地参与到学习过程中。

4. 不断监测

在教学过程中，教师需要不断监测学习者的学习进展，及时发现学习者的学习问题和困难，调整教学策略和方法，帮助学习者更好地提高英语能力。

5. 帮助学习者建立信心

教师在进行学习者的能力起点分析时，需要综合考虑学习者的英语听说读写等方面的能力水平和学习特点，灵活调整教学策略和方法，帮助学习者提高英语能力，同时也需要帮助学习者建立自信心，鼓励学习者在学习过程中不断尝试和提高，激发其学习动力和兴趣。

三、学习者的能力起点分析

（一）英语学习者能力起点分析的 7 方面

教师进行英语学习者能力起点分析包括以下 7 个方面。

1. 学习策略能力

英语学习者需要具备一定的学习策略能力，能够制定适合自己的学习计划和学习策略，包括听、说、读、写、词汇和语法等方面。

2. 文化意识能力

英语学习者需要具备一定的文化意识能力，能够理解不同文化之间的差异，从而更好地理解和使用英语。

3. 自学能力

英语学习者需要具备自学能力，能够利用各种学习资源，包括英语电影、电视节目、网络资源、英语词典等，自主学习英语知识。

4. 学习兴趣和动机

英语学习者需要具备学习兴趣和动机，能够对英语学习产生持续的兴趣和动力，从而更好地投入学习中。

5. 合作能力

英语学习者需要具备合作能力，能够在英语学习中与他人进行交流和合作，如参加英语角、组队学习、参加英语活动等。

6. 创造力和思维能力

英语学习者需要具备创造力和思维能力，能够通过英语学习，激发自己的创造力和思维能力，更好地理解和应用英语。

7. 持续学习的能力

英语学习者需要具备持续学习的能力，能够持之以恒地学习英语，不断提高自己的英语水平，从而更好地实现自己的学习目标。

（二）英语学习者能力起点分析的具体途径

1. 了解学习者

教师需要对学习者的背景信息进行了解，包括其学习经历、学习目的、学习时间、学习方法、学习态度等方面。

2. 进行评估测试

教师可以通过词汇量测试、语法测试、听力测试、口语测试、阅读测试等方式，对学习者的英语能力进行评估。

3. 分析评估结果

教师需要根据评估结果，对学习者的英语听说读写等方面的能力水平进行分析，了解学习者的英语优势和不足。

4. 制订教学计划

根据分析结果，教师可以制订适合学习者的教学计划，包括教学目标、教学内容、教学方法和评估方法等。

5. 实施教学

在教学过程中，教师需要根据学习者的英语能力水平和学习特点，灵活调整教学方法和教学内容，帮助学习者提高英语水平。

6. 监测学习进展

教师需要不断监测学习者的学习进展，及时发现学习者的学习问题和困难，调整教学策略和方法，帮助学习者更好地提高英语能力。

通过上述途径进行学习者的能力起点分析，可以辅助教师制订合适的教学计划和教学策略，帮助学习者提高英语能力。同时，也可以为学习者自我评估提供参考，帮助学习者更好地了解自己的英语水平和学习需求。

第二节　学习者的心理与思维

一、学习者的心理

（一）学习者的心理有哪些

学习者的心理是指学习者在学习过程中的心理状态和心理特点，包括学习动机、学习焦虑、学习兴趣和学习自信等方面。学习者的心理因素在学习过程中起着重要的作用，影响着学习者的学习效果和学习成果。以下将从不同的心理因素入手，简述学习者的心理。

1. 学习动机

学习动机是学习者开展学习活动的内在动力，是学习者参与学习的基本动力。学习动机因人而异，有些人是出于求知欲望，有些人是出于职业需求，有些人是为了获得更好的工作机会。不同的学习动机会影响学习者的学习态度、学习方式和学习成果。因此，了解学习者的学习动机，有助于教师制定更适合学习者的教学策略，激发学习者的学习兴趣和动力。

2. 学习焦虑

学习焦虑是指学习者在学习过程中因感到学习任务难度大或学习压力过大而引起的一种情绪状态。学习焦虑可能会影响学习者的注意力、记忆力和学习效果。学习焦虑程度较高的学习者往往会表现出压力过大、思维混乱、失眠、食欲不振等问题，这些问题会直接影响到学习者的学习成果。因此，教师需要注意学习者的学习焦虑情况，采取相应的措施缓解学习者的焦虑情绪，如加强心理辅导、提供额外支持等。

3. 学习兴趣

学习兴趣是指学习者对某个学科或知识领域的主观情感体验，包括学习者对学习内容的好奇心、热情和兴趣。学习兴趣与学习效果密切相关，学习兴趣较高的学习者往往会更加主动地参与学习活动，更加关注学习内容，从而取得更好的学习成果。因此，教师需要培养学习者的学习兴趣，激发学习者的好奇心和热情。

4. 学习自信

学习自信是学习者对自己学习能力和取得良好学习成果的信心，能够影响学习者的学习动力和学习效果。缺乏自信心的学习者往往会失去学习的兴趣和动力，甚至会因为害怕失败而放弃学习。因此，学习者需要在学习过程中积极培养自己的自信心，包括从小成功中逐步建立自信心、对自己的学习成果给予充分的认可和肯定、采取积极的心理调节策略等。

（二）研究学习者心理的必要性

1. 了解学习者的需求和特点

学习者的个性、兴趣、动机等都是决定其学习行为和成果的重要因素。研究学习者心理可以帮助教师更好地了解学生的需求和特点，制定更符合学生实际情况的教学计划，从而提高教学效果和优化学生学习成果。

2. 实现个性化教育

不同学生的学习能力、兴趣和学习风格都有所不同，因此，教师需要根据学生的特点进行个性化教育。了解学习者心理可以帮助教师更好地了解每个学生的学习特点和需求，为学生量身定制个性化的教育方案。

3. 提高教学效果

学习者的心理状态和心理需求对其学习效果和成果有着重要的影

响。研究学习者心理可以帮助教师更好地把握学生的学习状态和心理需求，根据学生的实际情况调整教学策略和教学方法，提高教学效果和教学质量。

4. 培养学生的自主学习能力

学习者的心理状态和心理特点直接影响其自主学习的能力。通过研究学习者心理，教师可以更好地了解学生的学习习惯和自主学习能力，从而实施针对性的教育和引导，培养学生的自主学习能力。

5. 提高学生的心理健康水平

学生的心理健康状况是影响其学习和发展的重要因素之一。了解学习者心理可以帮助教师更好地把握学生的心理状况和需求，通过心理辅导和指导，帮助学生解决学习和生活中遇到的心理问题，提高学生的心理健康水平。

通过了解学习者的心理需求和特点，教师可以更好地制定教学计划和教学策略，提高教学效果和教学质量，同时也有助于促进学生发展和成长。

（三）教师干预学习者心理的途径

1. 关注学生的情感状态

教师可以多关注学生的情感状态，如学习焦虑、压力等，通过与学生进行沟通和交流，了解学生的真实想法和需求，帮助学生调整情感状态，提高学习效果。

2. 鼓励学生自主学习

教师可以通过鼓励学生自主学习、自我反思和自我评价等方式，引导学生树立正确的学习观念和学习态度，培养学生自主学习的能力。

3. 提供积极的反馈和支持

教师可以给予学生积极的反馈和支持，鼓励学生不断努力和进步，帮助学生树立正确的学习目标和信心。

4.倾听学生的声音

教师可以通过多听取学生的意见和建议，了解学生的想法和需求，为学生提供更好的学习环境和服务。

5.培养学生的创新思维

教师可以通过引导学生进行思维创新和实践创新，帮助学生发掘自己的潜能，增强学生的自信心和创造力。

教师干预学习者心理需要注重学生的情感和心理状态，采用积极的教育方式和方法，帮助学生树立正确的学习观念和学习态度，激发学生的学习热情和兴趣，促进学生的全面发展。

二、学习者的思维

（一）学习者的思维有哪些

学习者的思维主要包含以下几点。

1.记忆性思维

记忆性思维是指学习者通过感官接收信息，并通过不同的方式将信息保存在大脑中，从而在以后的学习和应用中能够回忆和使用。在学习过程中，记忆是非常重要的基础环节。因为只有通过记忆，才能将学习的知识和技能保存下来，并在需要的时候进行回忆和运用。

2.比较性思维

比较性思维是指学习者在学习过程中，对不同事物、概念、现象等进行比较和归纳，从而获得更深入的理解和认识。这种思维方式可以帮助学习者更好地理解和掌握学习的内容，更好地应用知识和技能。比较性思维不仅可以用于语言学习，也可以用于其他学科的学习，如数学、自然科学、社会科学等。

3.综合性思维

综合性思维是指学习者将不同的知识点、概念或经验进行整合和综合，从而形成全局性的认识和理解，以提高解决复杂问题的能力。这种思维方式帮助学习者在学习过程中跨越学科或领域的界限，对已有的知识进行整合和应用，从而有效地解决复杂问题，促进个人的全面发展。

4. 创新性思维

创新性思维是一种能够帮助学习者在学习过程中灵活运用已有的知识、经验和思维方式，产生新的思路和想法，从而创造性地解决问题的思维方式。创新性思维可以帮助学习者更好地应对复杂的问题和挑战，并在实践中不断地提高自己解决问题的能力。在英语学习中，创新性思维可以帮助学习者更好地掌握语言知识和技能，提高语言表达能力，更加自信地应对英语交流和沟通。

5. 反思性思维

反思性思维是指学习者对自己的学习行为、学习成果等进行反思和总结，以便不断地改进和提高自己的学习效果和能力。通过反思性思维，学习者可以更深入地了解自己的学习状态和进程，并且可以更加有效地应对学习过程中遇到的问题和挑战，从而提高学习效果和成果。在英语学习中，反思性思维可以帮助学习者更好地了解自己的语言水平和学习进程，从而更加有针对性地进行学习。

6. 逻辑思维

逻辑思维的主要特点是基于事实和证据的推理，是一种客观和合理的思维方式。学习者通过逻辑推理和演绎，从简单到复杂理解和解决问题。逻辑思维能力的培养需要不断地进行训练和实践，学习者需要具备良好的逻辑思维习惯和思维方式。在学习过程中，学习者可以通过分析和解决问题的过程，训练自己的逻辑思维能力，从而提高解决问题的效率和准确度。同时，练习逻辑思维的技巧，如分类、归纳、演绎等，也是发展逻辑思维能力的有效方法之一。

学习者的思维类型是多样化的，每种思维类型都有其独特的特点和作用。教育工作者应该根据不同学生的思维特点和需求，设计多样化的教学方法和策略，从而促进学生的全面发展和提高学生的学习效果。

（二）研究学习者思维的必要性

1. 学习理论的发展

研究学习者思维可以促进教育心理学和认知科学的发展。研究学习者的认知发展过程，包括注意力、记忆和思维模式的变化，可以完善皮亚杰和维果茨基等学者提出的认知发展理论，为教育实践提供更加科学的理论基础。学习者思维的研究涉及各种心理过程，如动机、情感和信念等。深入研究这些过程可以丰富教育心理学的研究内容，为其发展提供新的思路和方法。学习者思维的研究将教育心理学、神经科学和计算机科学等多个领域的知识融合在一起，有助于拓展认知科学的研究范围，这将推动跨学科研究的发展，并为认知科学研究提供更全面的理论基础。

研究学习者思维可以提供有关学习过程的新见解，进一步完善现有的学习理论，为教育实践提供更为科学的指导原则。

2. 知识的新增长方式

众所周知，知识的增长并非简单地堆积和累加，而是一种不断修正和调整原有知识的过程，甚至可能需要完全放弃旧知识并重新建构。对于学生而言，仅仅是学习和掌握原有知识和技能，并不能促进知识的创新。相反，对原有知识的质疑、批判和反驳，才是更有价值的部分。如果一个人没有批判和反驳的意识，就难以对学到的知识进行质疑，从而很容易陷入旧有知识的陷阱，难以得到属于自己的发现。这可能会导致人们盲目地跟从别人的想法，缺乏创新和独立思考的能力。

3. 思维是帮助学生应对未来的定力

在这个信息和知识大爆炸的时代，简单地重复过去的经验已经不能满足当前的发展需求。人的思维能力可以帮助人们在面对问题时，有针对性地找到相关线索，进行全面分析和权衡，最终选择一个相对完善和可行的行动方案。

现代社会信息发展迅速，每个人都面临着各种各样的问题。每个人都必须在众多的信息中筛选出所需的信息，这个过程需要人具有一定的选择、判断和信息处理能力。在信息爆炸的时代，信息是无主观性的，它们只是一些无序的事实和材料。我们不能接收所有的信息，必须在这些信息中进行甄选和审视。

现代技术如大数据、互联网和人工智能无法最终取代人类，因为它们不能将简单的信息转化为有价值的思想。只有具有思辨能力的人才能对信息进行准确、有目的的选择和取舍，避免出现"信息无知"或"信息消化不良"的状态。

人的思辨思维能力，即人对信息的认知能力、敏感程度和开发利用能力，决定了人能否有效地使用信息。因此，人的思辨思维能力至关重要。一旦失去独立思考的能力，人就可能被信息的浪潮所席卷，被各种不知是否正确的解决方案迷惑。

4.思维发展是学生心理与个性发展的需要

人的心理发展是一个不断内化的过程，可以实现个体的建构和价值引导之间的对立和统一。在这个过程中，思维发挥着重要的作用。人的心理发展本质上是一种有选择地扬弃社会现有文化的过程，而不是简单地复制社会文化。个体不应该毫无保留地接收所有的信息，而应该带有自己的思考和理解，选择有价值的信息。个体的认知和选择主要是建立在原有的经验基础上的，而人的思维可以引导人更好地做出选择。

教育的目的不仅是促进个体继承现有文化，而且还要求个体在继承文化的基础上创造新的文化。这需要思辨思维的主动参与。思辨思维是培养人独立人格的重要基础。社会民主建设需要人的独立人格的参与，社会市场经济的完善也需要独立人格的支撑。社会公民不能偏听偏信，更不能盲从，最终失去审慎思考和明智判断的能力。一旦失去独立思考和独立判断的能力，无论是民主建设还是市场经济的完善都将难以维系。

思维强调人对各种观念进行理性检验、分析和超越的意识和技能，思维的研究价值和意义都是难以估量的。因此，在英语教学中应该强调培养学生的思维能力，将培养思维能力渗透到教学的各个方面，逐步培养学生的思辨能力。这不仅需要多学科、多课程的综合培养，而且也需要英语教育不遗余力地承担起培养学生思维能力的责任。这意味着不仅需要强调英语听说读写技能的培养，而且需要通过英语教学逐步培养学生的思维能力，使学生从知识的被动接收者转变为知识的主动参与者。

（三）教师引导学习者思维发展的途径

1. 转变教学理念

教育不仅仅是为了使学生具备基本知识和技能，更为重要的是培养学生的思维能力和创造性思维。因此，教育不应该只是进行简单的知识传授，还要注重发展学生的思辨能力。英语课程是培养学生思辨能力的重要途径之一，教师必须改变过去只强调语法规则、词汇记忆等基础知识的教学模式，更加注重发展学生的思辨能力。

教育的任务是培养学生的独立思考能力和创造性思维，这样才能帮助学生适应快速变化的社会发展需求。英语教育应该注重培养学生的创造性思维和解决问题的能力，让学生能够灵活运用所学的语言知识，主动思考和探索，从而成为具有创造力和创新精神的人才。英语教育不仅仅是语言技能的学习，更是让学生学会如何思考、分析、解决问题和创新的过程。

在培养学生的思辨能力方面，英语课程有其特殊优势，因为英语课程不仅是语言的学习，还涉及文化、历史、社会等方面的内容，这些内容为学生提供了更广阔的视野和更深刻的理解，培养学生的思维能力，让学生能够思考、分析和评价不同文化、历史和社会现象。通过英语课程，学生可以更好地理解和掌握不同文化背景下的思维方式和价值观念，培养跨文化交流和合作能力，从而为未来的国际交往奠定坚实的基础。

英语课程教学理念的转变对于培养具有创造性思维和跨文化交流能力的人才至关重要。学生不应该仅仅是知识的接收者，更应该成为思辨的主体和独立的思考者。只有这样，才能培养出具有国际竞争力的创新型人才，推动我国教育事业朝着更高的水平不断发展。

2. 采用后方法教学法

后方法教学法是一种与传统方法截然不同的英语教学思想，它是一种灵活、动态和开放的教学方法，重新定义了学习者和教育者的角色。这是一种超越性的教学方法，兴起于 20 世纪中后期，基于西方英语教学研究。

后方法教学法不是一种传统的教学方法，而是一种更加灵活、动态和开放的教学思想。它拒绝将英语教学简单化，强调在教学过程中充分考虑其他因素对教学的影响，如社会、政治和教育制度。

后方法教学法提出的核心理念，如学习者自主和教师赋权，是为了解决传统教学模式下教师一直面临的教学难题。此外，后方法教学法强调的一系列新主张是对传统教学经验的超越和发展。

后方法教学法强调要转变教师的身份，将教师转变为教学的探索者和实践者。它提出了宏观策略框架，包括最大化学习机会、最小化感知错配、促进协商式互动、激活直觉启发、语言输入语境化、发展综合语言技能、培养语言意识、提高学习者自主性、提升文化意识和确保社会关联性。

（1）教师认知策略。在该框架中，教学被视为创造和利用学习机会的过程。教师与学生之间有更多的良性互动，教师的意图能够准确地表达，学生也能够准确地理解，从而避免了师生之间的意图错配。教师采用多样化的教学设计，包括语篇、语音、听力、语法、词汇和句法等相关知识，并充分锻炼学生的听说读写技能，从而使学习者可以在教学中最大程度地获得学习收益。

教师以学生的情感需求为导向，考虑情感因素对教学的影响，以此引导学生透过语言现象本身，感受语言背后蕴含的情感内涵。在学生犯下明显错误时，教师可以及时给予反馈，帮助学生修正错误，并教授学生采用一定的教学策略，转变学习态度，做到对自己的学习负责。同时，教师还可以帮助学生熟悉英语文化，培养学生对外语社会的政治、经济、文化等元素的敏感性和洞察力。

（2）阅读策略。

①阅读中的监控策略。

阅读对于学习者而言，不仅仅是内容输入的过程，学习者需要在这个过程中实现自我有意识的监控。

学生可以从三方面对自己的阅读进行有效的监控：方向监控、进程监控、策略监控。

方向监控就是指学生首先需要明确教学的目的，按照教学目的确定是精读材料，还是泛读材料，阅读过程中，到底是明确文章的主旨大意即可，还是需要寻找到某个具体的细节信息。在明确阅读目的之后，学生才可以选择是用速读、略读还是跳读的方式完成阅读。

进程监控指的是学生需要一边阅读一边完成自己的思考，有意识地观察材料中提示的重要信息，比如有生词出现，需要学生根据上下文猜测词义，根据文章猜测作者的思想观点等。

策略监控指的是学生需要在阅读的过程中，及时自我提问、自我审视，思考自己的问题答案是否正确，选择有效的策略处理问题、处理环境。

②阅读中的调节策略。

学生可以针对自己阅读中遇到的各种问题，有针对性地进行调整与适应。比如说学生可以重新划定阅读的重点，整个阅读的效果就会完全发生改变，阅读中的调节策略包括改变阅读的材料、调整阅读题材，或者是改变阅读的方法。学生在阅读中遇到不理解的地方时，需要及时复读，或者通过查找相关资料解决困惑。

③阅读中的元认知策略。

阅读中的评价策略实际上是对学生进行阶段性评价，是一种元认知策略的重要构成部分，同时也为提高学习效率提供保证。学生在完成了阶段阅读之后，对自己进行必要的反省与反思，确定自己是否完成了阶段性的任务，审视自己阅读任务完成的质量，明确自己在阅读的过程中是否有效利用了阅读策略。

在学生完成自我审视之后，教师也应该在学生的现有阅读水平基础上，帮助学生改进阅读方法，养成良好的阅读习惯。教师需要教会学生学会抓住有效信息，以句子的意群为阅读单位，通过这样的方式提高阅读的速度与准确率。学生在进行评价的过程中，可以采取自评与他评相结合的方式，充分客观地展现出自己的学习状况。学习者需要对自己的阅读情况进行充分反思，以及在阅读过程中做出正确处理新信息的决策，丰富自己的阅读储备，发展灵活的阅读策略，形成属于自己的阅读元认知，掌握属于自己的阅读策划、启动、实施、监控、评价的有用技能。

在阅读教学中，教师需要做指引和总体把握的工作。教师要做好"总舵手"，确保学生正在朝着正确的方向航行，关注学生在阅读过程中遇到的种种困难。

从后方法的特定性角度来看，教师可以采取一定的测试手段，筛选出学生的阅读薄弱环节，从薄弱环节入手，或者是从重点环节着手，始终与学生保持一种较为良性的互动交流，从学生的正向反馈中获取到积极有效的信息，教师也应该针对性地调整自己的教学方向与教学重心。

从后方法的实践性角度来看，教师需要采取一定的元认知策略，但是这不意味着教师要死守教条。教师需要以一种相当审慎的态度，对待这些已有的元认知策略。教师需要营造出一个具有活力的教学场域，这就意味着，教师需要将有效的元认知策略积极应用于自己的教学活动中，将已经无效甚至起到了负面作用的元认知策略抛弃掉，主动挖掘出一些更有效的元认知策略不断丰富教学活动，为教学活动不断输入活力。

3.POA 教学方法

"产出既是语言学习的驱动力，又是语言学习的目标。产出比输入性学习更能激发学生的学习欲望和学习热情，更能够取得好的学习效果。"[①]

POA 教学法以产出作为语言学习的源驱动力，将其应用于英语教学的课堂上是具有很强的可行性的。特别是对于高校英语教学而言，教师面对的学生具有一定的英语基础，学生至少已经经过了长达 6 年的英语学习，属于中、高级的英语学习者。对于高校英语学习者而言，产出驱动学习，将会是一个高效率的学习过程。

教学大纲要求英语教师根据一定的题材选用适当的阅读材料，为学生提供一定的阅读材料，扩大学生知识面的同时，增强学生的英语语感，培养学生的阅读兴趣[②]。

4.课程的转变

（1）英语课程教学理念的转变。英语课程的教学理念正经历着一场重要的转变，即从过去强调英语专业知识和技能的传授，向关注学生思辨能力培养的教学理念转变。过去的教学理念仅专注于知识和技能的传授，但这种做法已逐渐过时。学生在课堂上并不能完全掌握所有知识和技能，然而，如果学生具备较高的思辨能力和自主学习能力，那么这将不仅对英语课程教学有益，而且对学生未来的发展也具有积极影响。

思辨能力的培养已经成为全球教育发展的核心目标。自 20 世纪 80

---

① 文秋芳.构建"产出导向法"理论体系[J].外语教学与研究，2015（4）.
② 高等学校外语专业教学指导委员会英语组.高等学校英语专业英语教学大纲[M].北京：外语教学与研究出版社，2000：2.

年代美国发起的一场思辨运动以来，教学理念的转变已经展开。在这场运动之后，无论是美国的中小学还是大学都已将思辨能力的培养作为教学的重要目标。

我国英语课程教学理念的转变，实质上是现代教育发展趋势的要求，是时代发展的呼声，也是新时代的需求。将原有的以学习专业知识和技能为主的教学理念转变为强调思辨能力培养，为我国培养出既具备一定认知能力，又具有强烈思辨能力的人才创造了条件，以满足时代发展的需求。

（2）英语课程教学目标的转变。英语课程的教学理念已经发生了转变，英语的课程教学目标也需要相应地发生转变。原本的教学目标是以掌握语言的知识与技能为主，现在必须将教学目标转换为培养学生获取知识与技能的能力。

①知识。关于知识的定义一直存在争议，我们不在此展开讨论。下面将集中讨论英语课程教学中学生需要掌握的知识，主要分为两大部分：英语语言知识和与语言相关的认知心理知识。

英语语言知识主要包括以下三个方面：首先是英语语言的口语和书面语言知识；其次是运用英语语言进行口头和书面交流的能力，以便学习社会文化知识；最后是研究英语语言的理论和方法（包括语音学、音系学、句法学、语义学、语用学等）的知识。

认知心理知识主要涉及语言与大脑及其他人体器官之间的关系。学生需要深入了解语言特征、结构和意义，而不仅仅将语言视为交流工具。只有在掌握了这些知识之后，学生才能更好地运用英语进行有效沟通和表达。

②能力。英语课程注重培养学生的思辨能力，因为思辨能力涵盖了人的认知能力和情感倾向能力这两个重要领域。

认知能力包括阐释、分析、评价、推理、解释和自我调控这六个核心技能。通过培养认知能力，学生能够在众多复杂的信息中筛选出有效和重要的信息，并对这些信息做出正确的评估。

情感倾向能力可以分为一般情感倾向和具体情感倾向两个方面：一般情感倾向能力主要包括情绪敏感性、应变能力和善解人意等良好的人际特质；具体情感倾向能力则指在面对问题时，人能够保持头脑清醒、灵活应对，并关心他人感受。在追求目标和解决问题时，具备这种能力的人能以理智的态度寻求尽可能精确的结果。

情感倾向能力与认知能力之间相辅相成。情感倾向能力对认知能力的培养尤为重要，因为情感倾向能力是认知能力的前提和基础。一个人如果只具备认知能力而缺乏情感倾向能力，他只能被称为"能干事情"的人。相反，如果一个人只具备情感倾向能力而缺乏认知能力，他只能被称为"想干事情的人"。因此，一个人要想成为既"能干事情"又具有"想干事情"的情感倾向的人，必须具备认知能力和情感倾向能力。这样的人才无疑是当今时代急需的人才。

（3）英语课程教学方法的转变。英语课程的教学方法已经发生了变化，从单一的传授知识的教学法转变为多元化的教学方法。这意味着教师不能仅仅采用一种已经固定的教学方法，而应该选择适合不同学生和不同教学目标的教学方法。自20世纪50年代以来，出现了多种不同的教学方法，如翻译法、直接法、听说法、交际法、合作学习法、自主学习法、任务型学习法和探究学习法等。这些方法被称为以传授知识为目的的教学方法，它们的使用确实有助于学生学习英语。然而，当英语课程的教学理念和教学目标发生变化时，教学方法也必须相应地改变。例如，前文提到的POA教学法是一种有效的教学方法。教师可以通过调整这种产出导向的教学法，并将其应用于英语课堂教学中，来培养学生的思辨能力。

（4）英语课程教学质量评估方法的转变。目前英语课程教学的专业评价主要以学生的成绩为导向，这种功利取向的评价方式虽然可以让教师对学生的学习情况有所了解，但实质上限制了教师的创新意识发展。评价导向的教学模式更是如此，教师根据评价的标准设定相应的教学环节，对学生的要求也更加刻板，这种单一的教学质量评价方式需要进行针对性的改革。

只有通过新的教学评价方式，教师才能采用创新型教学方法进行相应的创新性教学，使学生在学习过程中不仅可以累积知识与技能，还能提升认知能力、情感倾向性和思辨能力。这种全面、多样化的教学评价不仅仅是一个评价工具，还是一种可以促进教学活动改变的评价模式。因此，需要重新制定教学评价的规定，以支持教师采用创新性教学方法，实现教学目标，并为学生提供更加丰富的学习体验。

第三节　学习者的兴趣与态度

一、学习者的兴趣

（一）什么是兴趣

兴趣是一种特殊的认知倾向，让人对某种事物产生关注。它伴随着情感体验，是一个重要的内因，能引发并保持注意。例如，人们会积极地探寻自己感兴趣的事物，在这个过程中，认知活动不但不成为负担，反而激发学习者不断寻求知识，成为从事某活动的巨大精神动力。

正是由于毕加索对绘画艺术的热衷追求，所以他平均每年创作超过200幅作品；爱因斯坦一生撰写了248篇著作，正是因为自然科学对他有着极大的吸引力，使得抽象理论研究得以开展；莫扎特能在35岁之前创作出600多首音乐作品，正是因为他整日沉浸在音乐的世界中。由此可见，兴趣对成功具有强大的引力作用。兴趣具有重要意义，它是激发人们学习热情的心理倾向，是人们认知或参与某活动的驱动力。与个人兴趣相符的活动更容易调动人的积极性，使人轻松愉快地完成任务。

中国教育家陶行知曾说："学生有了兴趣，就会全心投入，学与乐是分不开的。"[①]浓厚的兴趣能使人产生积极的学习态度，推动学习者主动、热情地学习。在这个时候，兴趣实际上也成了能量的调节者，能激发人内心深处的力量。因此，兴趣是激励学生学习的一种内在心理倾向，是学生学习的动力要素。兴趣是影响学习效率的重要心理因素，有时其影响力比智力因素更为巨大和有效。当一个人对某一学科产生强烈且稳定的兴趣时，他会将这个学科视为自己的主要目标，在学习过程中主动克服困难，排除干扰。正如一位物理学家所说："成功的真正秘诀在于兴趣。"[②]

兴趣能激发智慧，成为聪明才智源源不断的泉源。当人们对某事物感兴趣时，这种兴趣会引导他们积极参与这方面的活动，从而比其他人获得更多知识。兴趣能让人全神贯注、热情高涨、富有创造力地投身其中。此外，学习需要灵感，而强烈的兴趣正是灵感的来源。

物理学家丁肇中教授曾表示："任何科学研究，最重要的是看对于自己从事的工作有没有兴趣。比如搞物理实验，因为我有兴趣，我可以两天两夜，甚至三天三夜待在实验室里，守在机器旁。我渴望发现我们要探索的东西。"在他对科学事业产生兴趣的驱动下，丁肇中通过科学实验发现了"J"粒子，为人类科学事业作出了重要贡献，并获得了诺贝尔物理学奖。

兴趣在人们认知和实践中发挥着重要作用，是激发学习和创新的关

---

① 韦云成. 做一名有力量的小学班主任 [M].长春：吉林出版集团股份有限公司，2018：134.

② 王玉恩. 心载翰墨：写字课程，写字文化与教育实践[M].天津：天津科学技术出版社，2012：173.

键因素。通过培养兴趣，人们可以更积极地投入学习和实践中，从而取得更好的成果。因此，了解自己的兴趣，将其运用于学习和工作，是成功的关键所在。

（二）大学生学习兴趣的产生和发展

大学生要想在学习中展现出积极主动和创造性，就应对所学领域产生浓厚兴趣。

兴趣并非与生俱来，而是基于需求，在生活实践中逐步形成和发展的。通常，学生的学习兴趣是在学习需求基础上，在特定的学习和教育环境中形成和发展的。当人们对某种学习感到需要时，就会产生相应的学习兴趣，并开始一系列的探索、研究和学习活动。学习活动满足了需求，会让人产生愉悦感；若学习活动未能满足需求，就会刺激人们改变方法并继续努力，直至获得成果。随着学习需求得到满足，人们会产生新的兴趣，形成新的需求，并心情舒畅地深入研究。如此，学习兴趣在原有基础上不断发展。

大学生学习兴趣的产生和发展通常需要经历"有趣—乐趣—志趣"三个逐步深化的阶段。从对专业或新兴学科的兴趣出发，通过一定的学习和研究进入乐趣阶段，并在钻研中转化为志趣。这是一个较为复杂且必经的深化过程。一般而言，有趣是兴趣发展的第一个阶段，是一种不可避免的现象；乐趣阶段中，兴趣逐渐趋向稳定、集中；志趣则是兴趣发展的高级阶段，与崇高理想和远大奋斗目标相结合。在志趣阶段，学习者往往全身心投入学习活动，明显地朝专业、精深的方向发展，并在自己的专业学习和研究上追求高深造诣，从而更加积极、自觉、持久地为成就而努力不懈，此时学生学习已从"好知"进入"乐知"的境界。

（三）如何培养学生的兴趣

学习兴趣作为成功学习的基石，是浓厚、广泛且有中心的志趣。那么我们应如何培养兴趣呢？

1. 树立高尚的理想和宏伟的奋斗目标

这既是激发学习动力的外部驱动因素，也是培养学习兴趣的必然成果。只有具备高尚理想和宏伟奋斗目标的人，才能保持旺盛的学习精力，勤奋刻苦，持续努力，直至成功。尤其对于大学生，他们正处在人生观形成阶段，当学习能力与理想、奋斗目标相结合时，更能产生浓厚、持久的学习兴趣和巨大的驱动力。另外，保持学习与理想、奋斗目标的一致性，还有利于学习兴趣的不断发展。

2. 在学习过程中培育和激发兴趣

兴趣在学习活动中形成和发展。新奇事物或未知事物容易激发兴趣，在学习时，通过发现问题、积极思考、解决问题，能在积累丰富知识的同时，让内心感受到喜悦，体验智力的成长，从而使兴趣更加浓厚，这正是兴趣产生或加强之时。

学习是一种艰辛的劳动，兴趣能帮助我们更好地学习，但不能替代努力。学习过程中难免有枯燥的部分，遇到失败或挫折也在所难免。但是，只要我们对学习有正确的认识，渴望成为有能力、有知识的人，具备直面困难的心理和责任感，我们就能从失败、困难、挫折中汲取教训，激发兴趣。正如某大学生所言："我能坚持读枯燥的哲学史，因为我认识到不懂哲学的人不能正确认识社会与人生。哲学起初对我并无吸引力，但我要求或强制自己去做，克服学习中的各种困难，看到学习成果，进一步激发了我的兴趣。"物理学家杨振宁也说，当我们阅读一本书，开始看不懂，多看几次就会看懂。读懂了一本好书，阅读的兴趣也会自然产生。

学习兴趣可以在努力学习的过程中培养，但这并不意味着可以忽略学习本身的特点去追求趣味。想让学习的一切都变得有趣，这实际上是不可能的，也不应该这么做。学习兴趣应是学习者的一种优秀心理品质，有助于调整学习行为，最终实现学习目标。

3.积极参与科研活动

大学生的学习任务不仅仅是掌握学科领域的基本理论和基本技能，还要注重积极参加专业范围内的科学研究活动。科研活动能源源不断地满足并激发学习者的学习需求和兴趣，进而引发其产生进一步的求知欲望和新的需求，发展广泛且有中心的学习兴趣。反过来，这也有助于使学生的学习内容更加丰富。

二、学习者的态度

（一）什么是学习者的态度

学习者的态度是指他们在学习过程中所持有的观点、情感、信念和行为倾向。学习者的态度会影响他们在学习过程中的投入程度、学习策略选择以及学习成果。以下是关于学习者态度的一些重要方面。

1.自我效能

学习者对自己在特定学习任务中表现的信心程度称为自我效能。较高的自我效能有助于学习者更加投入和积极地面对学习任务，从而提高学习效果。

2.动机

学习者的内在和外在动机对他们的学习态度有很大影响。内在动机是指学习者出于对学习主题的兴趣和好奇心而学习，而外在动机是指学习者为了获得奖励或避免惩罚而学习。通常情况下，内在动机更有助于培养积极的学习态度。

3.情感

学习者在学习过程中的情感状态，如焦虑、紧张、快乐和满足等，都会影响他们的学习态度。积极的情感有助于提高学习者的注意力和专注力，从而提高学习效果。

4. 学习策略

学习者采用的学习策略和方法也会影响其学习态度。有效的学习策略可以提高学习者的信心和兴趣，从而促使他们更积极地投入学习。

5. 成就目标

学习者在学习过程中追求的目标也会影响他们的学习态度。学习者可能追求成绩、掌握知识或与他人竞争等不同目标。明确且现实的目标有助于培养积极的学习态度。

（二）如何改善学习者的态度

1. 提供支持性的学习环境

创造一个支持性的学习环境意味着鼓励学生积极参与、提出问题、与同学交流和合作。为了实现这一目标，教育者可以采取以下措施：设立开放式的问题和讨论，鼓励学生发表自己的看法；鼓励小组合作，让学生在团队中学会沟通与协作；提供正向反馈，强调学生的进步和成就；为学生提供必要的资源和支持，以便他们能够自主学习。通过这些方式，教育者可以培养学生的积极态度，激发他们对学习的热情。

2. 了解和关注学习者的需求

关注学生的情感和心理需求对于改变他们的学习态度至关重要。教育者应该关注学生的个性差异、学习风格和兴趣，以便为他们提供个性化的支持。同时，教育者应该注意学生在学习过程中可能遇到的困难和挑战，及时发现问题并为其提供解决方案。例如，为学生提供心理辅导，帮助他们应对压力和挫折；鼓励学生寻求帮助，建立互助机制；关注学生的身心健康，保持与家长的沟通。通过这些举措，教育者可以帮助学生建立积极的学习态度。

3. 设置合适的期望值

为学生设定现实且具有挑战性的目标，能够调动他们的积极性，增强他们的自信心。合适的期望值可以帮助学生明确目标，激发他们的内在动力，从而改变其学习态度。教育者应根据学生的能力和潜力设定期望值，避免提出过高或过低的要求。同时，鼓励学生设立短期和长期目标，帮助他们分阶段实现目标。在评价学生的表现时，要关注他们的进步和努力，而不仅仅是成绩，这样，教育者可以帮助学生树立信心，养成积极的学习态度。

第四节　学习者的学习需求

一、什么是学习需求

需求反映了人们对某些客观事物的渴求，当个体感受到某种不足并寻求满足时，这种内心状态便产生。人们在缺少某样东西时，往往伴随着生理或心理的紧张感，进而产生想要获得所缺失之物的欲望，以消解紧张，这就是需求。实际生活中，人们的需求千差万别，但可对其进行分类。从需求的产生来源来看，需求可分为生物性需求和社会性需求。生物性需求是天生的、自发的，如对水、空气、食物等的需求；社会性需求则是后天习得的，随着社会历史的演变而变化，如交流、尊敬、爱与被爱、学习等方面的需求。众所周知，人具有自然和社会双重属性，因此，人自然产生双重需求，这也是人与动物的区别之处。

从需求的对象来看，可将其划分为物质需求和精神需求。物质需求包括对食物、衣物、电视机、电脑等的需求，在这类需求中，具体需求既可能属于生物性需求，也可能属于社会性需求，如对食物、衣物的需求属于前者，对电视机、电脑的需求属于后者；精神需求则涉及对尊敬、学习、文学作品、理想实现、电视节目内容等方面的需求。从需求的范围来看，还可以将其划分为个人需求、他人需求和社会需求。这些需求有时相互一致，有时则产生冲突，冲突的程度和性质受社会制度、社会价值观和个人的世界观、人生观等的制约。

研究发现，在人的诸多需求中，存在所谓的"优势需求"，即在多个需求同时存在时，存在一种最具推动作用和支配力量的需求。例如，当一个人把考研作为首要目标时，考研需求便成为他的优势需求。作为自然人，其优势需求通常是最基本的生物性需求；而作为社会人，在一定条件下，其优势需求可能受主观能动性影响，使得各种社会性精神需求占据优势地位，如我国革命家、教育家吴玉章所说："人生在世事业为重。一息尚存绝不松劲。"①他将实现理想和为社会服务视为优势需求。已有研究认为，不同种类的需求在个体中往往构成一个结构系统。美国心理学家马斯洛（Maslow）将人的基本需求分为五类：生理需求、安全需求、归属和爱的需求（希望得到他人接纳、情感以及参与团体或组织等）、尊重需求、自我实现需求。他认为这五类需求按照从低到高的层次关系排列，生理需求位于最底层，最容易满足；越往高层，越难以完全满足。另一位心理学家奥尔德弗（Alderfer）则认为需求系统由三类组成：生存需求、相互关系需求（如与他人交往、维持重要人际关系的需求）和成长需求（个人在事业前途方面的需求）。无论是五类还是三类需求结构，都让我们看到，在人的各种需求中，以社会性需求为主导，社会性需求作为优势需求，占据支配地位。

需求构成动机的基石。当个体察觉到自身需求时，会产生实现需求满足的渴望，这种渴望被进一步激发并支配人的行为，使行为朝向特定目标发展，此时，渴望便转化为行为的驱动力，即形成了动机。因此，人们将需求视为生物体积极活动的源头，是个体行为的根本驱动力。动机由需求催生。动机是激发并维系个人某种行为以满足特定需求的内在动力。

---

① 李继勇. 智慧背囊：影响你一生的情感故事[M]. 太原：北岳文学出版社，2008：125.

尽管动机源于需求，但需求并不总是引发动机，动机通常产生于指向特定目标且具有实现目标可能性的需求之中。动机对人的行为具有启动或抑制、推进或引导的作用，驱动个人的行为向某一目标迈进。此外，一旦某种动机行为实现了目标，此时人的相应需求也得到满足，便会产生另一种新的需求，从而可能催生新的动机。

需求、动机和目标之间的关系相当复杂。同一个需求，可以指向多个目标，激发不同的动机；同一个动机，又可能源于不同的需求；同一个目标，还可能诱发不同的动机等。

二、大学生学习需求的产生和发展

大学生学习需求的产生与发展涉及多种因素。首先，大学生进入高等教育阶段，面临着更加严谨、专业化的学术环境。这需要他们在知识和技能方面不断提升，以适应更高层次的学术挑战。因此，学习需求在大学阶段自然而然地产生。

大学生在校期间，他们的兴趣和价值观也在不断发展和演变。通过学习，他们能更好地了解自己的兴趣所在，形成自己的价值观和人生目标。这种自我发现和自我实现的过程进一步推动了他们产生对学习的需求。

大学生在面临就业竞争时，学习需求得到进一步的激发。为了在竞争激烈的就业市场中脱颖而出，他们需要具备扎实的专业知识、良好的专业技能。这使得大学生更加重视学术成就，从而加强对学习需求的追求。

随着社会和科技的快速发展，知识更新速度加快，大学生需要不断地学习新知识、掌握新技能以适应时代的变迁。这也促使他们对学习产生更强烈的需求。

大学生学习需求的产生和发展受到多种因素的影响，包括适应高等教育挑战、应对就业竞争、跟上知识更新速度以及实现自我价值等。这些因素相互作用，共同推动大学生对学习的追求。

第五节　学习者的学习风格

一、学习风格的定义

学习风格这一概念在国内外的专家学者中得到了广泛关注，他们提出了不同的观点和定义。美国中学校长联合会主席凯夫（Keefe）将学习风格分为认知风格、情感风格和生理风格。美国纽约圣约翰大学的邓恩夫妇认为学习风格是全身心投入学习和解决问题的方式，受生理特征、心理特征、情感和环境变化的影响。瑞德（Reid）则强调学习风格是自然地、习惯性地吸收、储存和处理信息以及掌握新技能的方式。英国心理学家帕斯克（Pask）将学习风格视为学习者在学习过程中倾向于选择的特殊方法策略。谭顶良先生则认为学习风格是学习者在学习过程中表现出来的具有个性化的认知方式和处理信息的方式。

尽管各位专家学者的定义有所不同，但他们的观点在以下三个方面有相似之处：

第一，学习风格与学习者习惯使用的学习方式或策略有关；

第二，学习风格具有稳定性和独特性特征；

第三，学习风格具有可塑性和相对性特征。

学习风格是学习者个性的体现，在长期的学习过程中逐渐形成。虽然学习风格不会因学习内容或教学方式的变化而改变，但它也并非完全固定不变。学习者内部因素和学习条件等外部因素都可能导致学习风格发生一定程度的变化。每个学习者都有其独特的学习风格，没有优劣之分。不同的学习风格都有可能帮助学习者在学习过程中取得进步和成功。

二、学习风格的类别

（一）不同专家学者对学习风格的分类

学习风格的分类多样化。因研究角度和侧重点不同，各位专家学者提出了不同的分类方法。

1. 凯夫的学习风格分类法

凯夫将学习风格划分为三个大类：认知风格、情感风格和生理风格。具体如下。

（1）认知风格。涵盖了场依赖型、场独立型、趋异型与趋同型、认知域宽窄选择、复杂认知与简约认知、记忆过程中的整合与分化等方面。

（2）情感风格。主要包括注意力风格、期望与动机风格等。

（3）生理风格。涉及男性—女性行为、与健康相关的行为、时间节律和环境因素等。

2. 谭顶良的学习风格分类标准

谭顶良基于生理要素、心理要素和社会要素这三个层面，提出了自己对学习风格的分类标准。具体如下。

（1）生理要素。主要关注个体对外界环境刺激（如声、光、温度等）的反应，以及个体在接收外界信息时对不同感觉途径的偏好。

（2）心理要素。涵盖认知要素、情感要素和意动要素三个方面，包括辨别、归类、信息处理、分析与综合、沉思与冲动等认知方面，理性水平、学习兴趣、成就动机、控制点、抱负水准、焦虑水平等情感方面，坚持性、言语表达、冒险与谨慎、动手操作等意动方面。

（3）社会要素。主要指独立学习与结伴学习、竞争学习与合作学习。

3. 所罗门的学习风格分类法

所罗门（Soloman）从信息加工、感知、输入、理解四个方面，将学习风格划分为四组八个类型，分别是活跃型与沉思型、感悟型与直觉型、视觉型与言语型、序列型与综合型。具体如下。

活跃型学习者通过实践、讨论或向他人解释来掌握信息，而沉思型学习者则倾向于安静地思考问题。学习者往往在活跃型和沉思型之间有所取舍，但倾向程度不同。

感悟型学习者关注事实细节，有耐心，而直觉型学习者擅长发现事物间的联系和潜在问题，善于理解和掌握新概念、新公式。在课程学习和工作中，感悟型和直觉型学习者的喜好也有所不同。每个人都是感悟型与直觉型的结合体，但倾向程度各异。

视觉型学习者在视觉学习方面表现出色，善于记忆图像、表格、流程图等视觉信息，而言语型学习者更擅长从文字和口头表达中获取信息。当视觉和听觉信息同时呈现时，每个人都能获得同等多的信息。互联网为学习者提供了丰富的视觉信息，有助于学习者进行知识和经验的积累。

序列型学习者习惯于按线性步骤理解问题、获取知识，每一个学习步骤都合乎逻辑地紧跟前一步；综合型学习者则倾向于大步学习，吸收松散、无关联的材料，然后突然领悟。在解决问题时，序列型学习者遵循已掌握的程序或步骤，表现出科学、合理的特点；综合型学习者在面对复杂问题时可能更快地找到解决办法，采用非常规方式解决问题，但在解释工作原理方面可能有困难。

各专家学者从不同的视角对学习风格进行了分类，这些分类方法为我们理解和应对不同学习者的需求提供了有益的参考。

（二）本书对学习风格的分类

1. 以个性特征为标准进行划分

以个性特征为标准划分学习风格，教师可以更好地了解学生的需求和偏好，进而提供更个性化的教学策略。以下是根据以上标准进行分类的一些延伸观点。

（1）外向型与内向型。在教学过程中，教师需要平衡这两类学生的需求。对于外向型学生，可以鼓励他们参与小组讨论或课堂互动，发挥他们的沟通优势；而对于内向型学生，教师可以关注他们的独立思考，提供一对一指导，帮助他们克服交流障碍。

（2）直觉型与程序型。针对这两种学习风格，教师可以尝试使用将抽象思维与具体实践相结合的教学方法。对于直觉型学生，可以设置更具挑战性和探究性的任务，激发他们的创造力和想象力；对于程序型学生，可以提供结构化的教学内容和清晰的步骤指导，帮助他们掌握知识体系。

（3）开放型与封闭型。在教学设计中，教师可以尝试将自主性和指导性相结合。对于开放型学生，可以设置开放性问题，鼓励他们进行探索和发现；对于封闭型学生，可以提供明确的任务要求和学习目标，让他们在有限的时间内完成特定任务。

了解学生的个性特征和学习风格，教师可以根据学生的实际需求进行有针对性的教学调整，提高教学效果。

2. 以认知方式为标准进行划分

认知方式是指人们分析、组织、理解新信息的方式。认知方式和思维方式的不同也会影响学习者的学习风格。根据认知方式的差异，学习风格可以分为以下三种类型，如图 3-1 所示。

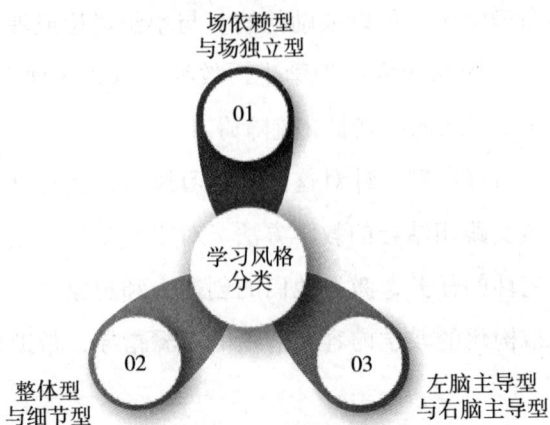

图3-1　学习风格的分类——以认知方式为标准

（1）场依赖型与场独立型。根据学习者在处理信息时对自己的依赖程度，学习风格可以分为场依赖型和场独立型。场依赖型学习者在学习过程中容易受外部环境影响，通常需要教师或同学的协助来完成学习任务。他们倾向于从宏观角度进行思考，独立思考和解决问题的能力相对较弱。而独立型学习者则与之相反，他们关注细节问题，擅长独立思考和解决问题。在学习时，他们的注意力集中，不易受外界干扰，因此不太需要教师和同学的帮助。然而，在现实生活中，纯粹的场独立型学习者较为罕见，大部分学习者的风格介于这两种类型之间。

（2）整体型与细节型。整体型的学习者倾向从整体的角度理解和处理信息，他们更关注宏观的框架和全局的结构。在学习新的概念或者技能时，整体型的学习者更喜欢先理解大局，然后进入具体的细节。他们善于看到事物之间的联系和整体的模式，能够进行抽象思考。细节型的学习者则倾向从具体的信息入手，他们更关注细节和步骤。在学习新的概念或者技能时，细节型的学习者更喜欢先处理具体的信息，然后再构建整体的理解。这两种学习风格各有优点，适合不同的学习内容和环境。整体型学习者在处理抽象的概念和复杂的问题时更有优势，而细节型学习者在处理具体的任务和细致的工作时更有优势。理解自己的学习风格，可以帮助学习者选择更适合自己的学习方法和策略，从而提高学习效率。

（3）左脑主导型与右脑主导型。根据学习者处理大脑左右半球信息的能力差异，学习风格可以分为左脑主导型和右脑主导型。左脑主导型学习者更注重信息的细节，擅长运用逻辑推理和科学分析来达到优秀的学习效果；而右脑主导型学习者则重视知识点的核心意义，相信自己的直觉判断，并具有灵活应对学习过程中问题的能力。

3. 以感知方式为标准进行划分

学习者必然会通过感知方式进行信息的获取与学习，而不同的学习者会表现出不同的感知偏好方式。因此，以感知方式为标准进行划分可以将学习风格分为听觉型、视觉型和动觉型三类，如图3-2所示。

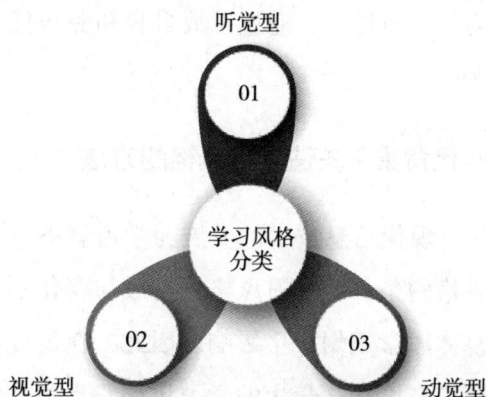

听觉型

01

学习风格
分类

02　　　　　　　03

视觉型　　　　　　　　　　动觉型

图3-2　学习风格的分类——以感知方式为标准

（1）听觉型。听觉型学习风格是学习者通过听觉来进行学习的方式，这种风格被许多学习者所采用。通过聆听，学习者能够接收和理解大量信息。尽管部分书面知识可以通过阅读获取，但教材上未包含的知识点需要通过教师的讲解来获得。此外，在口语和听力教学中，听力技能是学习者需要不断培养和提升的关键能力，因为没有听力，这两种教学活动将无法进行。这类学习者善于通过教师的讲解来获取知识，但在书面表达方面可能并不擅长。

（2）视觉型。视觉型学习风格是指学习者通过视觉来进行学习的方式，借助视觉能力，学习者可以获得所需的知识信息。视觉材料的优势在于其直观性，如图片、动画和视频等具有直观、形象化的特点。一般来说，人们通过阅读获取信息的速度比通过听力更快，这意味着在相同的时间和条件下，通过阅读所获得的信息要多于通过听力获得的信息。通常，视觉型学习者更喜欢利用黑板或多媒体课件来学习，他们的自主学习能力往往较强。

（3）动觉型。动觉型学习风格是指学习者通过实际参与和实践来进行学习。在这个过程中，学习者能够认识和掌握新的知识与技能。对于这类学习者，教师可以根据他们的知识水平设计一些具有挑战性的学习活动，并分配相关的学习任务。通过挑战自我和完成任务，学习者能够获得新的知识和技能。

三、互联网时代背景下关注学习风格的方法

在互联网时代，现代信息技术的发展为学习者提供了新的选择学习方式和塑造学习风格的条件。学习风格的形成与变化不仅影响学习者的学习活动，还对整体教学规划产生影响。因此，在设计和实施教学活动过程中，英语教师应高度关注学生的学习风格特点。具体分析时，可以从以下几个方面展开。

（一）提升教师专业的素养

学习者的情感因素和外部学习环境对学习风格的塑造产生重要影响。积极的情感因素和优良的学习环境有助于形成开放型和外向型的学习风格，从而推动学生的英语学习进步。为了更好地进行教学活动，教师可以激发学生的学习兴趣和营造良好的学习环境。学生的学习兴趣与英语教师的个人魅力和专业素质息息相关。同时，英语教师在创建良好学习

环境方面也发挥着关键作用。因此，英语教师应努力提高自己的教育专业水平。具体来说，英语教师可以从以下几个方面着手提高教育专业素养，如图 3-3 所示。

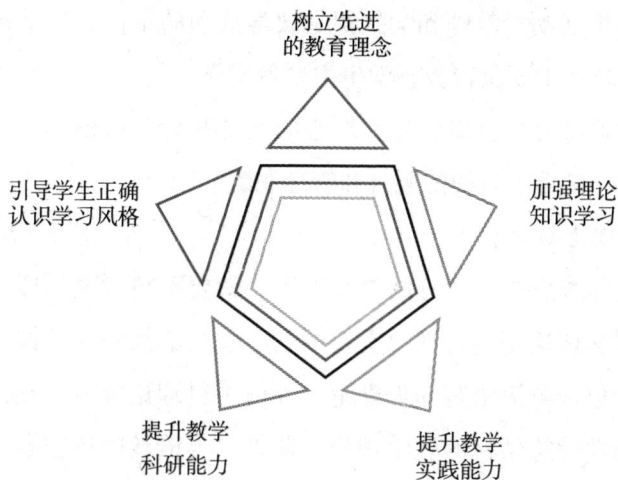

图 3-3　提升教师专业素养的方法

1. 树立先进的教育理念

提升英语教师的专业素养，首先需要确立先进的教育观念。随着国内外教育事业的不断发展，学校和教师的教育观念、教学目标和教学模式也在逐步演变。越来越多的英语教育工作者开始接受新的教育观念，即以学生为核心，关注学生的思想、情感、认知、需求、个性、发展和策略等方面。

具体而言，以学生为核心的教育观念强调学生应具备自我控制能力，对自己的决策负责。学生的需求、兴趣和学习方法各异。在制订和实施语言教学计划时，教师应为学生提供有效的学习策略，帮助他们找到合适的学习方式，培养他们完成课程任务所需的技能，并鼓励学生设定自己的学习目标，培养其评价技巧。

在互联网时代背景下，以学生为核心的教育观念重新诠释了外语习得的内涵。外语习得是指学生在特定的社会文化背景下，通过外界帮助或自主学习，以构建意义的方式来获得外语能力。这一新颖的概念要求高校英语教学以学生为中心，教师起到引导作用。教师的职责是指导学生并形成师生互动。教师和学生都是教学活动的主体，只是各自承担不同的职责：教师主要负责教，学生主要负责学。

英语教师需要树立以学生为核心的教育观念，这种观念既强调教师的引导作用，又重视教师的监督和管理职责。

2. 加强理论知识学习

英语教师若想提高自身的专业素质，就要重视对教学理论知识的学习，因为教学理论是进行教学实践的基石。英语教师应掌握系统的教学理论知识，包括英语语言知识理论、外语习得理论等专业理论，以及教育学、心理学等跨学科的教学理论。此外，英语教师还应学习和掌握科学的教育技艺观，将教学视为一种艺术，强调教师个人的性格魅力、价值观影响力、敏捷思维和创新意识。

具体而言，教育技艺观认为一名出色的英语教师应具备现代意识、改革意识和创新意识。受这三种意识的驱动，英语教师会持续研究课程的时代性、实用性和独特性，能够依据教材、超越教材、活用教材和发展教材，能对教学需求和教学发展趋势进行评估，进而创造和运用适合自己教学实践的教学策略。

3. 提升教学实践能力

英语教师若要提高自身的专业素质，提升教学实践能力是关键。每个专业都对从业者设定了基本能力要求，将其作为基本职业技能。作为负责英语教学的专业人士，英语教师不仅需要掌握扎实的英语专业知识和外语教学知识，还应根据所教授的学生群体、工作环境和教学内容以及目标等因素来提升自己的教学实践能力。英语教师需要加强的教学实践能力包括以下四个方面，如图3-4所示。

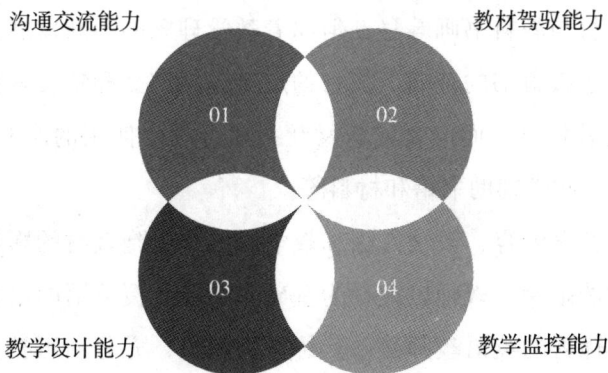

图 3-4 教学实践能力的主要内容

（1）沟通交流能力。当代教育教学理论已经不再将教学视为知识传递与接收的过程，而是教师与学生间互动与对话的过程。因此，国内学者提出了"教育即交流"的观点，认为教育过程实际上就是教师与学生之间沟通的过程。在日常教学中，面对同样的课程内容和学生，有些教师能够游刃有余地进行教学，而有些教师的课堂却显得沉闷。主要原因在于教师沟通能力的差异，低效或无效的沟通直接影响了教师的教学效果。因此，良好的沟通能力对教师来说至关重要。

英语教学更加依赖于沟通与交流。学生英语技能的掌握通常需要教师与学生之间的充分互动。互动过程实际上就是沟通交流的过程。如果教师在这方面的能力不足或不强，很难实现良好的教学效果。为了实现有效的沟通与交流，教师必须以学生的可持续发展为核心，在教学过程中充分发挥民主精神，公平对待每个学生，耐心倾听他们的心声。同时，教师应关注沟通时的语言技巧，让学生愿意沟通，积极参与课堂学习，从而热爱学习英语。充满有效沟通与交流的教学才是高效教学，具备优秀沟通与交流能力的教师才能真正胜任教学岗位。

（2）教材驾驭能力。在英语实践教学中，教材是教师教学中至关重要的辅助工具。教材直接体现了教学内容，影响着教学方法。虽然人们通常会将教材与教科书画等号，但随着教学理念的不断发展，教材的含义已经超越了教科书的范畴。教材的定义包括广义和狭义两种：狭义的教材指的是教科书，而广义的教材泛指适合学生使用的所有教学材料，包括教科书、教学辅助书籍和材料等。

教师的教学内容、教学方法和教学思维都受到教材的影响，同时也打破了教材的限制。教师以教材为基础向学生传授英语的语言知识和技能，因此，优秀的英语教师必须熟练掌握教材，充分利用教材来辅助英语教学，并且不应该局限于教材的框架内。教师在教材的选择和使用方面的能力是评价教师教学水平的关键因素之一。

（3）教学设计能力。在特定的教学任务中，教师如何组织教材、设计教学流程、选择教学方法和技术等方面显得格外重要。优秀的课堂设计可以使得教学生动活泼、引人入胜，吸引学生的注意力并激发他们的求知欲望。教学设计能力的高低与操作性知识的多寡息息相关，但是光有操作性知识并不意味着教学设计能力就强。因此，英语教师应该有意识地加强有关教学设计的研讨，包括教学设计理念、教学活动的选择以及教学媒体的运用等方面。这些因素都会对教学效果产生重要的影响，进而影响学生英语能力的习得、巩固和提升。

（4）教学监控能力。教师的沟通和教学设计能力是课堂教学的重要因素，但是要想让课堂顺利进行并取得预期的效果，还需要教师具备良好的课堂管理能力，也就是北京师范大学心理学教授林崇德先生所说的"教学监控能力"。这种能力是教师的核心能力，尤其在有多名学生的教学班中更为重要，因为教学监控能力可以帮助教师有效地推进各种教学活动，确保学生在学习中取得应有的进步，以及在小组合作学习中达到良好的效果。然而，教学监控能力是一种非常综合的能力，没有明确的规则可供遵循，只能靠教师自己随机应变，游刃有余地掌控课堂，因此教师对课堂进行良好的管理与监控是一项非常困难的任务。

4. 提升教学科研能力

为了提升自身的专业素养，英语教师必须具备教学科研能力。在互联网时代，科研能力已经成为英语教师必须具备的专业教学能力。科研能力可以促进教学的开展，而教学的开展又能带动科研的进步。在教学中发现问题，在研究中解决问题，可以有效地提高教师的综合素质能力。为了提升科研能力，英语教师首先要了解基本的研究方法，如教学实验法、问卷调查法、访谈法、文献法、个案研究法等。在学习和应用这些方法的过程中，英语教师可以根据自己的需求，选择与自己相符合的科学研究方法，以提高自己的科研能力。具体来说，英语教师应该发展以下两个方面的科研能力：

（1）为了更好地开展英语教学工作，英语教师需要具备一定的科研项目开发和研究能力。英语教师应该具备主持科研项目的能力，能够跟踪专业学科的发展方向，利用自己的科研知识和素质解决教学活动中遇到的实际问题，从而提高教学质量，促进教学发展。通过参加科研项目，英语教师可以提高自己的学术水平和科研能力，促进产学研三者的有机结合，实现科研成果的转化和应用。

（2）英语教师还需要发展参与科研以提升教学水平的能力。通过参与科学研究，英语教师可以不断丰富、加深和更新自己的知识储备，从而丰富和充实教学内容，提高教学能力。此外，英语教师还可以用自己的科研思想和精神给学生带来好的影响，在教学中提出新课题，邀请学生参与课题讨论和实验，激发学生的求知欲和创造欲，促进学生科研能力的提高和创造性思维的培养。另外，英语教师还需要具备信息加工、网络搜索、信息反馈等科研能力，以便更好地开展科学研究和教学活动。

5. 引导学生正确认识学习风格

英语教师要提升自身的专业素养，还需要引导学生正确认识学习风格，使每一位学生形成对学习风格的科学认知。以下将从三个方面详细阐述关于学习风格的问题。

（1）学习风格多种多样，没有优劣之分。每个人都有自己独特的学习风格。这意味着不同的人在学习的方式和方法上会有不同的偏好。有些人喜欢通过听课来学习，有些人则喜欢通过阅读来学习；有些人喜欢独立完成任务，有些人则更喜欢与他人合作学习。这些都是学习风格的体现，学习风格没有优劣之分。每个人都应该了解自己的学习风格，并尝试通过适合自己的学习方式和方法来学习。

（2）学习风格受学习方式因素影响较大。每个人都要努力探索适合自己的学习方式。在探索适合自己的学习方式和方法时，需要考虑自己的学习目标、学科特点和个人兴趣爱好等因素。只有选择适合自己的学习方式和方法，才能更好地发挥自己的学习潜力和达到最佳的学习效果。因此，英语教师需要在教学中引导学生，帮助他们了解各种学习方式和方法，探索适合自己的学习方式，以达到更好的学习效果。

（3）学习风格不是固定不变的，因为学习条件和学习环境是变化的。学习者要训练自己掌握在不同条件下开展学习的方式和方法，因为只有在不同的条件下使用不同的学习方式，才能获得更全面的发展。例如，在学习某一学科时，需要了解该学科的特点，选用适合该学科的学习方式和方法；在面对不同的学习任务时，需要灵活掌握不同的学习方式和方法。因此，学习者需要不断调整自己的学习方式和方法，以适应不同的学习环境和学习任务。

（二）采取多样化的教学模式

实践经验表明，在英语教学活动中采用多样化的教学方法是发现学习者学习风格的有效方式。这主要是因为传统的讲授式教学方法已经无法满足当今英语学习者的需求。学生具有不同的学习风格，单一的教学方法不利于他们适应教学活动并获得更好的学习成果。相反，参与式教学模式、多元智能教学模式以及其他创新教学方法为学生创造了多样化的学习条件和环境，有助于教师发现学生的学习风格。

1. 参与式教学模式

（1）参与式教学模式的概念。参与式教学模式是一种以学生为中心的教学方法，在平等、开放和民主的学习环境中进行。它采用多种教学方法和工具，鼓励学生积极参与，最终目标是促进他们的全面发展和进步。与以教师和教材为中心的传统教学模式不同，参与式教学模式关注学生，将其作为学习过程的主体。

学生在学习过程中的积极参与不仅激发了他们的主动性和表现力，还活跃了课堂氛围，营造了良好的学习环境。通过作为主体的参与，学生有机会根据自己的学习需求和计划选择教学内容，对教学方法和进度提出建议和意见，并积极参与教学过程及其有效性的评估。这种方法充分发挥了学生的主观能动性，使他们能够掌控自己的学习过程。

（2）参与式教学模式的应用方法。在参与式教学模式下，教学方法会根据教学内容、目标以及学生需求的变化而进行调整。参与式教学方法包括提问、角色扮演、小组讨论、案例分析、辩论等。鉴于篇幅限制，这里主要介绍两种参与式教学策略：提问法和头脑风暴法。

①提问法。提问法是参与式教学模式中使用最为频繁的方法。提问法具有以下四点重要作用。

第一，提问法的主要作用是检查学习者对所学知识的掌握程度，也是为了检查某一阶段的教学成果。

第二，提问法还可以及时跟进学习者的学习状态，看他们是否有认真听讲，是否一直保持着对学习的热情。

第三，提问法在询问学生的认知经历或对某事物的评价看法时促进了学习者思考能力和思维能力的提升。

第四，提问法还具有承前启后的作用，可以帮助师生自然地过渡到下一阶段的学习。

根据以上分析可以看出，提问法的作用很明显，但提问法使用不当也会给学习者造成很大的压力，使他们害怕教师的提问，从而不利于师生之间的平等交流。为了避免这种情况的发生，教师要从以下三个角度出发提问。

第一，教师只提与教学目标和教学内容相关的问题，不提与学习内容无关、分散学生注意力的问题。

第二，教师根据学生的能力水平提问，不提超出学生回答能力的问题，可以提有一定难度的问题，但不要求学生回答得完全正确。

第三，教师不提故意刁难学生的问题，要照顾学生的自尊心和自信心。

与此同时，为了提升学生回答问题的速度与质量，教师提的问题要有质量，一些不合适的问题不要提，尽量提一些符合学生身心发展规律的高质量问题，如开放式问题，此类问题通常由"W"或"H"开头的特殊疑问词引导，包括 what，where，who、How 等。又如确认理解问题，此类问题具体又可分为三类。

第一，确认学生理解了教师的提问。

第二，确认教师理解了学习者的回答。

第三，确认学生完成了自己的回答并不会修改。

不合适的、低质量的问题也主要分为以下三种。

第一，只能用"是"或"不是"回答的封闭式问题。

第二，给予学生答案或具有明显暗示的引导式问题。

第三，只能答出部分答案的多重式问题或过于简单的问题

与此同时，教师要为学习者营造轻松、愉悦的学习环境，只有这样才能集中学生的注意力，让学生愿意交流思想、回答问题。

②头脑风暴法。头脑风暴法，英文为 brainstorming，是美国学者亚历克斯·奥斯本于 19 世纪 30 年代末期提出的参与式教学模式，是针对

学习者创造能力提升的训练方法。"头脑风暴"这一词来源于精神病理学，一开始用来喻指精神病患者精神错乱的状态，现用来比喻人的思维十分活跃，人的大脑在相互碰撞、相互讨论中产生新的观念和新的设想。"头脑风暴"的特点是学习者根据特定的话题或议题，发散思维，敞开思想，快速地、不受约束地表达自己的观点和想法，来自不同学习者的不同的设想相互碰撞、互相影响，从而在学习者的脑海中激起创造的风暴。

"头脑风暴"的参与面很广，每个人都毫不吝啬地分享自己的观点，因而从旁观者的角度看学习者讨论得十分激烈。但激烈并不等同于有效，科学有效的头脑风暴并不容易组织。英语教师组织头脑风暴活动要遵循以下程序。

第一，明确议题。教师要明确议题，最好以书面语的形式写到黑板或展示板上，这样所有的参与者就能清楚地看到这个议题。另外，在讨论的过程中看到这个议题名称也不容易跑题。

第二，准备资料。在正式开始发表意见之前，为了提高参与者的表达效率和整个活动的效率，教师可以在讨论前准备一些资料，以便参与者了解议题的相关背景知识。

第三，确定人选。组织头脑风暴活动一般需要 8 到 10 个人，也可以是 6 到 8 个人，人太多了不容易组织管理，人太少了起不到激发思维的作用。

第四，明确分工。教师要分别选出服务活动的一名主持人和一名记录员。主持人主要负责的工作是重申议题，强调纪律，启发引导，掌控进程；记录员的主要职责则是简要记录所有相关设想。

第五，规定纪律。无规矩不成方圆。根据头脑风暴的原则，教师可以规定几条纪律，要求参与者遵守，以便活动有序进行。

第六，掌握时间。讨论的时间由教师与主持人掌握，不适合在讨论前定死，一般来说，几十分钟即可。

2.多元智能教学模式

（1）多元智能内涵。

美国心理学教授霍华德·加德纳（Howard Gardner）提出每个人无论智力高低都具有至少七种智能——语言智能、逻辑—数学智能、空间智能、身体运动智能、音乐智能、人际智能、内省智能。后来，加德纳又提出了自然观察智能和存在智能。每个人的各种能力混合在一起构成了个体独特的认知能力。随后，他又提出了人体具有自然观察智能和存在智能的观点。通常情况下，适当的外界刺激加上个体本身的努力，都可以加强和发展个体本身的智能。

①语言智能是个体用文字思考、用语言表达自我和欣赏语言蕴含奥妙的能力。就像加德纳所说的，语言就是诗人表现出的对语言文字的掌握和应用能力。这种智能不仅体现在个体对书面语和口语的敏感程度方面，还体现在个体学习语言以及运用语言实现一定目的的能力方面。像诗人、文学家、记者、律师、演说家、朗诵家、主持人、配音演员等一般都具有高度的语言智能，他们使用语言描述事物、传递信息、表达情感、激发共鸣、说服他人的能力是一般人所不具有的。

②逻辑—数学智能是指使人能够计算、量化、考虑命题和假设，且进行复杂数学运算的能力。使用这种智能完成某件事的步骤通常包括类聚、判别、推理、概括、计算、假设和检验。数学家、科学家、会计师、工程师、电脑程序设计师一般都具有很强的逻辑—数学智能。

③空间智能即在脑中形成外部空间世界模式并运用和操作这种模式的能力。这种智能帮助个体以更加复杂的三维空间的方式思考，且会使个体对色彩、线条、结构、空间关系表现出很强的敏感度。因此画家、设计师、雕刻师、建筑师、飞行员都需要具备高于一般人的视觉空间智能。

④身体运动智能是指个体运用控制自己的身体表达思想、情感，进

行创作、运动或其他活动的一种能力，主要包括个体身体的协调性、技巧性、平衡性，对速度、力量的控制以及身体的感知能力和触觉能力。如外科医生对手上力度和技巧的控制、舞蹈家对肢体动作的控制、运动员对肌肉和力量的控制等。

⑤音乐智能是一种能感受、辨别、区分、创作声音曲调以及运用音乐表达自我的能力。音乐智能突出的人就是人们所说的音乐天赋较高，对声音、节奏异常敏感的人。如歌唱家、各种乐器演奏家、指挥家、作曲家、调音师等都具有突出的音乐智能，他们分别运用自己的音乐天赋为人们带来听觉上的刺激和享受。

⑥人际智能是一种能理解他人、与他人产生共情并开展有效交往的能力。像成功的政治家、教师、推销员、服务员、心理学家都具有较高的人际智能。他们往往能很好地感知他人的心理需求、情绪变化、动机和意图。

⑦内省智能是一种能够深入自身内心世界、构建正确自我知觉并运用其规划自我人生的能力，具体可表现为对自身有着准确定位，了解自身真实需求和变化，能控制自身情绪变化、控制自身言行一致。这些在哲学家、宗教学家、成功企业家等人身上都有突出的表现。

⑧自然观察智能。自然观察智能是指个体能够通过仔细观察发现环境的特点与变化，并运用这种能力开展生产、研究等事业的能力。自然观察智能突出的人善于辨别两个相似自然物种之间的差异，对生存环境的变化异常敏感。猎人、植物学家、动物学家、考古学家就是自然观察智能突出的那一类人。

⑨存在智能是一种对人生和宇宙终极状态进行思考的能力。存在智能的核心是个体在广阔无垠宇宙中自我定位的能力以及在现实人类生活环境中思考存在等哲学问题的能力。例如，在人类未出现之前，地球是一种什么样的状态？人类生存和发展的意义是什么？这也是哲学家、宗

教学家会思考和讨论的问题，因而他们都是存在智能发达的人。

（2）多元智能教学模式在英语教学中的应用。

当今时代，社会的发展和时代的进步更需要综合能力较强的人才，因而提升学生的综合素质、发展学生的多元智能成为21世纪英语教学的趋势。很多学者都在研究将多元智能理论与英语课堂教学整合应用的方法和模式。实践证明，将多元智能的理念渗透到英语课程中，开发多元智能教学模式和教学设计，是多元智能理论在英语教学中的有效实施。例如，设计多元教学和安排多元课程规划表。

设计多元教学是指把某个智能作为所学科目的单位，设计出与该智能相关的活动。比如在人际交往科目训练中，可以设计培养学生人际智能的一些活动：组织一次英语晚会、一场英语演讲比赛，与同学合作进行英语诗歌朗诵等活动。在具体的实施过程中，允许学生选择自己擅长的表达方式或方法，鼓励学生通过各种途径展示自己的英语才华。而安排多元课程规划表具体是指把智能目标落实到英语课程设计或单元教学规划中，将智能培养与课堂教学有机结合在一起。在这个过程中，教师首先应当确定哪些是学生应该掌握的有教育意义的知识、训练哪方面的智能有助于培养学生的综合素质。教师设计的教案应包括课程或单元名称、课程或单元目标、课程实施需要的教学资源、教学步骤以及教学评价方式等内容。

戴维·拉泽尔（David Lazear）在《多元智能教学的艺术——八种教学方式》中指出多元智能理念指导下的教学共有四个阶段。

第一阶段是唤醒智能阶段，即学习者运用视觉、听觉、嗅觉、味觉等多种感官和本能、洞察力、元认知等多种内在能力激活各种智能，感性认知周围世界事物的阶段。

第二阶段是拓展智能阶段，即能力的沟通阶段，在这一阶段学习者将通过接触外界事物、人员或进入特定的情境体验情感，参与为拓展或加强智能所进行的练习活动和强化认知活动。

第三阶段是"为智能而教，用智能来教"阶段，在这一阶段，教师将向学生传授正确的学习方法和策略，把智力的开发当作教学的重点，帮助学生了解自己的智力发展情况，进而发展潜能。

最后一个阶段是迁移智能阶段，这一阶段是智能的应用阶段，我们要把智能应用于解决日常生活中的各种问题，使智能训练的成果得以体现，使各种智能真正成为我们日常情感和生活的重要组成部分。

接下来以语言智能和逻辑—数学智能为例分析多元智能英语教学模式的阶段模式和操作方法。首先介绍培养语言智能的多元英语教学模式和方法。

第一模式阶段：唤醒。唤醒阶段的主要操作方法包括如下内容：组织学生开展口头表达的训练；组织学生开展书面表达的训练；指导学生阅读英文文章和诗歌；指导学生听英语故事并复述；指导学生通过猜谜语、说绕口令方式练习英文表达能力。

第二模式阶段：拓展。拓展阶段的主要操作方法包括如下内容：指导学生学习更多的词汇表达；指导学生客观地使用语言描述人物或事件；指导学生开展写作训练、阅读训练；指导学生就某一话题开展讨论、辩论或组织演讲比赛。

第三模式阶段：教学。教学阶段的主要操作方法与拓展阶段的操作方法有相似之处，除了拓展阶段提到过的一些操作方法，还包括一些其他方法，例如，指导学生学习更多的语法知识和固定表达。

第四模式阶段：迁移。迁移阶段的主要操作方法较为简单，主要是指导学生反思学习和观察的过程。

培养逻辑—数学智能的英语教学模式和方法也分为四个模式阶段。

第一模式阶段：唤醒。唤醒阶段的主要操作方法包括如下内容：指导学生根据现有的语篇线索推测不熟悉的语言表达的含义（如语境线索、注释线索、同义词线索），分析句子的结构组成，整合文本的意义。

第二模式阶段：拓展。拓展阶段的主要操作方法包括指导学生根据语篇提供的信息推理故事情节的发展，并根据理解按照逻辑顺序描述文章的主题思想。

第三模式阶段：教学。教学阶段的主要操作方法与拓展阶段的操作方法有相似之处，除了拓展阶段提到过的一些操作方法，还包括一些其他方法，例如，指导学生根据文章的字面表达、引申含义、逻辑关系以及细节描写，确定作者的情感态度和文章的深层寓意。

第四模式阶段：迁移。指导学生思考所学文章承载的文化含义。

（三）发掘差异性的学习风格

1. 尊重差异，提供人文关怀

学习者具有独特的学习风格，这些风格会影响他们的学习成果，教师应充分认识到学习风格的重要性，并预见学习风格对教学活动的影响。具体而言，教师应尊重学习者学习风格的差异，并为学习者提供更多的人文关怀。

认识和尊重学习者学习风格的差异非常重要，因为每个学习者都有独特的学习风格。教师应根据学习者的学习习惯和喜欢的学习方式设计教学活动，培养他们的学习兴趣并激发他们的学习动力。

此外，教师应公正、平等地对待每一位学习者，避免因基础水平、性格特点或学习风格等方面的差异而歧视学生。教师可以通过对学生学习和生活的关爱和关心，培养学生对学习的兴趣，并加深师生之间的感情。

2. 弥补差异，丰富和拓展学习风格

学习者通常应具备两种或两种以上的学习风格，因为单一风格不适用于所有知识和技能的学习和掌握。例如，在学习英语时，听觉型学习风格适合掌握听力技能，视觉型学习风格更适合掌握阅读和写作技能，而动觉型学习风格更适合口语交际和跨文化能力的提升。

　　学习者的学习风格可以通过后天的训练和实践形成。因此，英语教师应采用适应不同学习风格的教学策略，从而拓展学习者的学习风格。例如，如果场独立型学习者的社交能力较弱，教师可以利用在线交流平台缓解他们在面对面交往中的紧张情绪。鼓励学习者先参与在线讨论，再参与线下交流活动，有助于提高他们的跨文化交际能力。

第四章　高校英语课堂教学设计
——教学媒体设计

第一节　教学媒体的选择与应用

一、教学媒体的选择

（一）教学媒体选择的基本原则

1. 发展性原则

发展性原则涉及两个方面。一方面，教师在选择教学媒体时应关注教育技术的发展趋势和未来需求，跟上科技进步的步伐。这意味着教师要关注新兴教学媒体和技术，使教学更符合现代化需求。另一方面，教学媒体的选择要关注培养学生的创新能力、合作能力和自主学习能力，利用现代化教育技术使学生具备面向未来的综合素质，促进学生各方面的发展。

2. 综合性原则

综合性原则意味着教师在选择教学媒体时应考虑多种媒体资源的综合运用，关注不同教学媒体的多样性和互补性。综合运用多种教学媒体有助于激发学生的学习兴趣，激发学生的潜能。此外，不同教学媒体的互补性可以弥补单一媒体的不足，展示教学内容的多样性，从而提高教学效果。

3. 经济性原则

在保证教学质量的基础上，教学媒体的选择应考虑降低成本，关注资源的可获得性和可持续性。教师应根据实际条件，合理评估各种教学媒体的投入产出比，选择具有高性价比的教学媒体。同时，教师应注意媒体资源的共享和循环利用，减少浪费，提高资源利用率。

4.最优化原则

教学媒体选择应追求最佳教学效果。在实际教学中，教师需根据教学目标、教学内容和学生特点等多方面因素，科学评估各种教学媒体的优劣，灵活选择和组合，以实现最佳教学效果。同时，教师应不断反思和总结教学经验，调整教学策略，优化教学媒体的运用，从而提高教学质量。

（二）教学媒体选择的主要方法

1.根据教学媒体特性和功能进行选择

选择教学媒体时，应充分考虑各种媒体的特性和功能，以便在特定教学环境中发挥其独特优势。不同教学媒体在颜色、立体感、动态展示、声音表达、可控性和反馈机制等方面具有差异，因此，它们呈现教学信息的方式和能力也各不相同。例如，当需要展示科学实验或物理现象的动态过程时，动画或视频等能展示动态效果的媒体更合适；而对于需要强调视觉效果的艺术或设计课程，高清图片或立体模型等具有较强视觉表现力的媒体更为适宜。

2.根据教学情境的不同进行选择

选择适合教学情境的媒体工具对提高学习效果至关重要，因为不同的教学环境和教学目标需要使用不同的媒体工具。在根据教学情境选择教学媒体时，教师应考虑以下几个方面。

（1）在集体授课场景中，教育者应选择能展示大量教学信息的媒体，如音响系统、幻灯片、投影仪、多媒体投影和电视录像等，以便在大型教室中有效传递信息。这些媒体有助于学生更清楚地看到和听到讲解内容，从而提高学习效果。

（2）在小组学习环境中，所选媒体应适应小组规模和教学场地大小。此时，可以考虑使用适合小范围使用的教学媒体，如便携式投影仪、平板电脑或其他移动设备等，确保所有小组成员都能充分参与讨论，同时不影响其他小组的学习。

（3）对于远程教学场景，教育者需选择适合远程传输的媒体，如无线电广播、电视广播和网络平台等。这些媒体使学生能够在家中或其他远离教室的地点接收教学内容，便于学生参与在线课程或进行自主学习。

（4）在自学系统中，设计者应挑选易于携带、操作简便且耐用的教学媒体，如收音机、复读机和微型幻灯片等。这些教学媒体让学生可以随时随地进行自主学习，满足不同学习者的需求。

（5）在技能训练教学中，教育者应选用具有强烈表现力和特殊时空特性的教学媒体。例如，通过利用电视录像和电影媒体的慢放、快放功能展示特定技能动作，帮助学生更好地理解和模仿。这类媒体有助于学生更直观地掌握实际操作技能，从而提高学习成果。

3. 根据学习任务的类型进行选择

在教育设计中，为了实现高效的教学目标，教师需要根据学习任务的性质选用合适的教学媒体。为提升教学品质及学生参与度，教师应根据不同学习任务灵活运用多样化的教学媒体。

对于认知型学习任务，教师可使用动画、图片、模型和 PPT 等教学媒体。这些媒体有助于展示概念、原理与流程，从而帮助学生建立清晰的认知结构，更好地理解和掌握知识点。对于情感型学习任务，教学媒体的选择应关注艺术性、感染力及表现形式的多样性，因此教师可选用电视录像、电影、多媒体课件、数码音响等。这些媒体能有效激发学生兴趣，使其产生强烈情感共鸣，从而推动学习任务的完成。对于技能训练型学习任务，教师应选用具备丰富表现形式与时空跨越功能的教学媒体，如电视录像和电影等。这些媒体能模拟真实场景，让学生在多种情境中进行模拟操作，从而锻炼和提高实际操作技能。

二、教学媒体的应用

（一）找准最佳作用点

教学媒体的最佳作用点是指在实现教学目标的过程中，充分发挥教学媒体优势的恰当时机。准确把握最佳作用点能让教学媒体发挥最大效益，否则可能难以完成既定的教学任务。课堂教学的最佳作用点主要体现在以下四个方面。

1. 突出教学重点

教学媒体可以突出教学重点。教学重点是知识体系中最重要和最本质的学习内容，应加以强调。针对关键知识点和核心概念选用合适的媒体工具，可以帮助强调重点。例如，用 PPT 或视频演示等形式讲解重点理论知识，将抽象概念用形象化的图像、文字或动画展现，便于学生理解和记忆。

2. 解决教学难点

教学媒体能解决教学难点。难点是学习过程中难以理解的知识点，由知识的深度、学习者的经验以及认识的模糊性造成。针对难点问题，可运用创新方法，如案例分析法，选取实际例子，借助图片、视频等形式，将难以理解的知识点和实际问题联系起来，使学生能从具体情境中理解抽象知识。

3. 创设教学情境

教学媒体有助于创设教学情境。教学活动须关注课堂气氛，创设愉快的教学情境，消除学生学习的焦虑感和紧张感。教学媒体在此方面具有独特优势，如通过音频、视频、动画等形式，模拟真实场景，将学生置于具体教学情境。例如，在语言教学中，运用音频和视频资料，让学生在模拟的日常交流环境中进行听说训练。

4.设置问题，引发思辨

教学媒体可设置问题，引发思辨。教师可引导学习者通过观察和思考发现和提出问题，从而培养他们的观察和思考能力。例如，在讨论宝塔顶上长着树和草的现象时，教师可利用图片、视频或虚拟现实技术展示宝塔顶上的景象，设计一系列问题引导学生思考。这种教学方式能够激发学生好奇心和探索欲望，同时有助于培养他们的批判性思维能力。例如，教师可以提出问题——"宝塔顶上长着树和草的原因是什么""这些植物如何在宝塔顶上生长"以及"宝塔顶上的植物生态环境对周围环境有何影响"等，学生在观察现象并回答问题的过程中，将更加深入地理解现象背后的原理，并学会分析和解决问题。

（二）看准最佳作用时机

1.有意注意与无意注意的转换

在教学媒体应用中，教师需要善于调动学生的有意注意和无意注意。有意注意是学生主动、自觉地关注教学内容，而无意注意则是在轻松愉快的氛围中，激发学生的好奇心和兴趣。教师可以通过多样化的教学手段，如动画、游戏、实验等，将学生的注意力从紧张的有意注意过渡到轻松的无意注意，从而降低疲劳感，提高学习效果。同时，转换教学方式，可以有效地调动学生的积极性，激发他们的学习欲望。

2.抑制状态向兴奋状态的转化

处于抑制状态下的学习者，不可能很好地进行学习活动。教师要运用教学媒体，将这种抑制状态转化为兴奋状态。教学媒体的运用可以帮助学生从抑制状态转化为兴奋状态。教师可以利用音乐、图片、视频等多媒体形式，创造丰富多彩的学习环境，激发学生的兴趣和好奇心。通过与学生的互动，教师可以及时了解学生的情感状态，采取相应措施调整教学节奏和方法，激发学生的热情，促使他们充满活力地参与学习。

3.平静状态向活跃状态的转化

由于学习者对教师的教法摸得很透，所以当他们知道某一教师要讲课时的状态，心里就会想："还是那一套，没有什么新鲜的。"然后就处于平静地在教室里等待这样一种不良的学习状态。教师只有采取学习者意想不到的教学方法，才能打破这种平静的学习状态，使学习者活跃起来。

为了打破学生的平静状态，教师需要运用创新的教学方法和媒体，让学生感受到新鲜感和趣味性。例如，教师可以利用网络资源，引入实际生活中的案例，将抽象的知识和现实问题结合起来，让学生更容易理解和接受。此外，教师还可以组织小组讨论、角色扮演、模拟实验等形式的活动，让学生主动参与，提高他们的思考能力和实践能力。通过这些富有创意的教学方法，教师可以有效地将学生从平静状态带入活跃状态，提高他们的学习效果。

4.兴奋状态向理性的升华

教师在利用教学媒体调动学习者兴奋状态的同时，还应注意引导学习者逐步向理性层面转变。首先，教师可以通过设计有趣、具有创新性的教学内容和活动，激发学生的好奇心和求知欲。其次，教师可以运用多种教学媒体，如视频、音频、图片等，将学习者由兴奋状态逐渐引导至对学术观点、知识结构等理性认知的思考和探讨。此外，教师还可以组织小组讨论、辩论赛等形式，让学生在研究问题、表达观点的过程中，提高自己的逻辑思维能力和理性分析水平，从而实现兴奋状态向理性的升华。

5.克服畏难心理，增强自信心

教师在运用教学媒体的过程中，应关注学生的心理变化，帮助他们克服畏难心理，增强自信心。教师通过设置合适的难度和任务，让学生在完成任务的过程中，逐步挑战自我，增强自信心。同时，教师可利用教学媒体提供及时、有效的反馈，让学生明确自己的进步和成长，进一步激发他们的学习动力。在课堂上，教师可以利用多媒体手段展示学生的优秀作品，让学生在获得成就感的同时，激发对知识的渴求和对学习的热爱。

6. 满足合理的表现欲望

教学媒体的应用可以很好地满足学习者的表现欲望。教师可以设计多样化的评价方式，如让学生制作 PPT、拍摄微电影等，让他们在展示自己学习成果的同时，也能充分发挥创造力和想象力。此外，教师还可以借助网络平台，如课程论坛、在线作业系统等，让学生在更广阔的空间里展示自己的才华和能力。通过这些方式，学生不仅能体验到成功的喜悦，还能在与同学互动交流的过程中拓宽视野，提升自己的综合素质。

第二节　多媒体教学资源的获取

一、什么是多媒体教学

多媒体教学作为一种教学模式和手段，是教育科技发展的产物。它结合了传统教学方法和现代教学媒体，利用计算机多媒体技术的优势，将声音、图像、视频、文字等多种媒体信息融合在教学过程中。这种教学模式具有高度的直观性、整体性和动态性，可以有效地提高教学效果。

在多媒体教学中，教师需根据教学内容和教学对象的特点进行教学设计。一方面，教师需要明确教学目标和任务，确保多媒体教学能够有效地辅助教学过程。另一方面，教师应合理选择和运用现代教学媒体，将声音、图像、视频、文字等多种媒体信息相互结合，形成一个富有创意的教学过程结构。

多媒体教学的优势在于它能够充分发挥计算机的交互性、界面友好性和反馈及时性，使教学过程不再是教师单向输出的过程，而是一个双向互动的过程。这有助于加强师生之间的沟通与交流，激发学生的学习兴趣，提高他们的学习积极性。

此外，多媒体教学模式还继承了传统教学模式的优点。它既体现了教师的主导作用，也突出了学生的主体作用。在教学过程中，教师可以灵活运用多种教学手段，充分调动学生主动参与，使他们在互动中不断提高自己的知识水平和技能。

多媒体教学模式是教学理论与教学实践的有机结合，也是因材施教原则的充分体现。使用多媒体教学模式，可以弥补传统教学模式在直观性、整体性和动态感方面的不足，为教师和学生带来更为丰富的教学体验和学习体验，从而获得更好的教学成果。

二、什么是多媒体教学资源

多媒体教学资源作为现代教学资源的重要组成部分，已经成为教育领域不可或缺的一环。广义的多媒体教学是以计算机技术为主导的一种教学方式，其涵盖多种媒体形式。对于学生来说，他们可以通过多媒体光盘和网络教学资源获取丰富的学习资料；而对于教师而言，他们可以在教学过程中充分利用幻灯片、电子白板、网络视频等多种媒体，发挥其特点和优势，构建立体化的教学资源体系。

教师在英语教学中应充分利用多媒体教学资源，以提高教学质量。此外，教师还需要通过这些资源，拓宽学生学习英语的途径，为他们提供真实的语言环境，从而提高学生的英语运用能力和交际能力。

多媒体教学资源是一种现代教育技术手段，其整合了文字、声音、图像、视频等多种媒体形式，使教学过程更直观、形象、多样、新颖和有趣。多媒体教学资源为教师提供了声像同步的教学情境、接近真实的教学环境、轻松愉快的教学氛围，有助于学生快速进入学习状态，提高学习积极性和效率，同时提升学生的观察能力、想象能力和创造能力。因此，在现代教育中，多媒体教学资源发挥着举足轻重的作用。

三、多媒体教学资源开发运用的挑战

在高校英语教学中，多媒体教学资源的开发与应用已经取得了一定的进步，然而，仍有一些方面需要不断加强和改善。例如，英语教师在开发和运用多媒体教学资源方面的意识和能力仍有待提高，高校对于英语多媒体教学资源的支持和管理需要进一步加大力度，高校英语教师在运用多媒体教学资源方面的技能亦需进一步提升。

（一）英语教师开发运用多媒体教学资源的意识能力需要提高

观察高校英语教师的年龄分布，我们可以看到青年教师和中年教师所占比例相近，而老年教师所占比例较小。其中，青年教师通常受过多媒体教育，对多媒体较为熟悉，计算机操作能力较强，并具备开发和利用多媒体教学资源的能力。大多数中老年教师没有系统地学习过多媒体教学方式，因此对多媒体操作不太熟练，或者在使用多媒体教学资源方面能力较弱。然而，即使是青年教师，他们在开发和运用多媒体教学资源方面的意识也相对较弱，对多媒体教学资源的认识也不够深入。

许多教师并未充分认识到开发和运用多媒体教学资源的重要性，并且在狭义上将多媒体教学资源仅理解为多媒体课件，这大大限制了多媒体教学资源的应用范围。另有一部分教师采取观望态度，忽视了自身学习、开发和运用多媒体教学资源的潜力和能力，从而导致资源浪费。在进行教学实践时，他们仅按照教学大纲要求制作课件、讲解课件并完成教学目标。教师对多媒体教学资源的理解仅限于教材、配套光盘和网络资源，尚未达到通过开发课程资源来深化甚至超越教材的层次。

（二）高校对英语多媒体教学资源的支持和管理力度需要加强

许多高校对英语专业的建设和发展关注不足，对非英语专业学生的

英语水平要求也相对较低。这主要是因为学校领导往往未充分意识到英语学习的重要性和建立英语多媒体教学资源库的重要性，而更注重其他专业学科的发展。尽管大多数高校设有多媒体教学资源库，但通常仅将有限的教育资金投入热门学科专业的资源库建设，而对于语文、英语、数学等基础学科的资源库投入较少，甚至没有。

尽管一些高校设有英语多媒体教学资源库，但在资源库的管理、使用和更新方面仍存在问题。例如，多媒体硬件设施可能已老化，需要更新或维修；一些多媒体网络教育资源可能需要购买；等等。这些问题都需要高校加强对英语多媒体教学资源库的支持和管理，以提高英语教学质量。

（三）高校英语教师运用多媒体教学资源的能力需要提升

由于多媒体教学模式在我国高等教育中相对较新，许多英语教师主要接受的是传统的板书模式教育，特别是对于年资较长的英语教师，他们可能已经沿用了十年、二十年甚至更长时间的板书模式和传统语法教学法，因此让他们熟练掌握和应用多媒体教学模式颇具挑战。青年教师在大学或研究生、博士阶段接受过现代多媒体教育，相对容易接受多媒体教学模式，学习和掌握计算机应用技术也较为迅速，但传统教学方法对他们的影响依然深远。

许多青年教师可能会将大量词汇、语法知识和练习复制粘贴到多媒体课件上，在课堂上依次播放供学生观看。这种做法的问题在于学生难以区分学习重点，容易导致视觉疲劳，从而影响学习状态和效率。这种做法既不利于学生学习，也会影响教师的工作积极性。想象一下，教师花费大量时间和精力制作 PPT 课件，但最终教学效果却不佳，这无疑会打击他们使用多媒体教学的积极性。此外，这也是对多媒体教学资源的一种浪费。学校支持教师使用多媒体教学需要投入大量资金，而多媒体教学资源的折旧周期较短，硬件设施的维修和更新费用也相当高昂。

高校英语教师在运用多媒体教学资源方面的能力限制还表现在对多媒体硬件设施的操作熟练度不足，以及开发、整合和利用多媒体教学资源的能力有限方面。

四、多媒体教学资源在高校英语教学中的开发运用

（一）提供多媒体教学资源开发保障

在高校英语多媒体教学资源的开发与应用过程中，学校必须提供适当的保障，这包括两个方面的内容：一方面是提供资金支持和保障，另一方面是积极与英语教师沟通交流，倾听他们的意见和建议。学校需要全面做好财务预算工作，为多媒体教学资源的开发提供充足的资金，并关注英语教师在教学资源方面的需求。

英语教师在多媒体教学资源的开发和利用中发挥着关键作用。他们不仅是资源的开发者和使用者，还是资源开发的组织者和评估者。他们对多媒体资源的开发和利用负有责任，需要关注学生对多媒体资源的态度，以及使用多媒体资源对学生学习英语的影响。若学校在开发和应用多媒体教学资源过程中未充分听取英语教师的专业意见，将无法及时了解教学实践中的困难和问题。这不仅不利于多媒体教学资源的有效开发和利用，还可能削弱英语教师在日常工作中的积极性。长期下来，这可能导致英语教师不再支持这项工作。

（二）加强开发多媒体教学资源的意识

英语教师应树立全方位的多媒体教学资源意识。这一概念涵盖多种形式，如多媒体课件、光盘、音频，以及语音实验室、英文歌曲、英文影视资源、英文新闻杂志和英文综艺节目等。为了加强英语教师的多媒体教学资源意识，提高他们的计算机技能和应用技术水平是必要的。

受教师掌握的信息技术、计算机操作技术和专业技能的影响，高校英语教师的多媒体教学资源意识有所差异。因此，各高校应制订培训计

划，对教师在开发和应用多媒体教学资源方面进行统一培训。具体而言，首先需要对英语教师进行教学媒体数字化处理方面的培训，这是他们需要掌握的基础技能。培训过程中应考虑教师年龄和能力的差异，分阶段进行。

教师应接受有关媒体素材、课件开发技术及课件制作软件使用技术的培训。通过这两项培训，英语教师能有效提高检索、编辑、处理和融合各类多媒体教学资源的能力，增强运用课件制作软件的技能，从而加强开发和应用多媒体教学资源的意识。

（三）提高开发多媒体教学资源的水平

在开发和使用多媒体教学资源的过程中，英语教师可能会面临资料繁多和难以取舍的问题。在这种情况下，教师需要根据教学目标进行筛选并简化内容，挑选最适合且具有教学价值的材料。对于暂时用不到但质量较高的资料，可以先保存以备后续教学使用。

英语多媒体教学资源的开发和应用最终目的是推动英语教学工作的顺利进行，以提高学生的英语水平。教师在使用多媒体教学资源时，应始终关注学生的需求和教学目标，以确保资源的有效利用。因此高校英语多媒体教学资源的开发要注意以下四个方面的问题。

1.增强资源开发的针对性

高校英语教师在开发多媒体教学资源时，需要注意细致筛选材料，并挑选最合适的资源，以提高针对性。在明确教学目标和教学方案后，教师可以开始搜集、整理和选择相关资料。一般而言，教师收集和整理的资源可分为两类。

第一类资源是最常见的，包括从外部直接获取的图片、歌曲、视频片段等。这些资源通常不需要教师进行加工，可以直接投入使用。这类资源有助于提高课堂的生动性和趣味性，为学生提供更直观的学习体验。

第二类资源则是教师自行设计和开发的资源，如英文动画、视频或情景剧等。这部分资源需要教师根据教学内容设计脚本，进行拍摄和剪辑。这些自制的教学资源可以更贴近教学目标和学生需求，提高教学质量。

高校英语教师在开发多媒体教学资源时，应关注资源的筛选和针对性，以确保教学资源能有效地服务于教学目标，提高学生的英语水平。

2. 增加资源开发的趣味性

高校学生的年龄大部分在二十岁左右，英语教师应该根据学生的身心特点、兴趣爱好和关注点，开发和利用多媒体资源，如英文歌曲、动画和影视剧。在此过程中，英语教师应注意资源开发的实用性和趣味性，因为枯燥的专业知识资源可能会导致学生失去学习英语的兴趣，并引发学生的反感情绪。

为了激发学生的学习主动性，英语教师必须增强资源的趣味性，以帮助学生树立学习英语的信心。只有在学生感到趣味十足的情况下，他们才能调动学习英语的积极性和主动性，从而通过多媒体资源掌握英语知识和技能。因此，英语教师应该利用有趣、生动的多媒体资源，如有意思的英文歌曲、有趣的影视剧和动画，以吸引学生的注意力并激发他们的学习兴趣。

英语教师应该根据学生的年龄、身心特点、兴趣爱好和关注点开发和利用多媒体资源，以提高学生学习英语的效率和兴趣。同时，英语教师也应该注意资源开发的实用性和趣味性，以便激发学生的学习主动性，并使学生更好地掌握英语知识和技能。

3. 增加资源开发的多样性

在开发多媒体教学资源并建立教学资源库时，学校可以设计"情境导入""课前预习""语法练习""阅读练习""课后延伸"等模块供教师参考和使用。这些模块可以提供不同类型的教学资源，以适应不同的教学需求和教学目标。

此外，针对不同的课程，学校可以配置相应的"资料包"，其中包括与这节课程内容相关的图片、视频、音频、文字等多种教学资料。这些资料可以根据不同的教学风格和教学目标进行个性化配置，以满足教师的需求。

高校在开发多媒体教学资源时，应该注意资源呈现形式的多样性，包括文本、视频、音频、文献资料、课件素材等多种形式。这些资源应该满足不同课程和不同教学风格的需求，并且可以根据不同的教学目标进行个性化配置，以满足教师的需求。

4. 提高资源开发的实效性

多媒体教学资源的开发最终是为了提高课堂教学的质量，完成既定的教学目标。因此，教师在完成教案设计和资料整理后，需要将教案的内容、整理的资料运用到教学实践活动中。

为了确保多媒体教学资源的实效性，教师应该使用设计好的教案进行试教，并根据实际教学效果调整资源的选择和设计。通过反复试教和修改，逐渐优化资源库的内容设置，使教学资源开发的实效性得以提高。

与此同时，如果学生对某次多媒体授课的效果不满意，教师需要主动与学生沟通，询问学生的意见和建议。在了解学生的学习水平和学习需求后，教师可以开发更符合实际需求的多媒体教学资源，提高资源开发的实效性。

教师在开发多媒体教学资源时，应该将其应用于教学实践活动中，通过反复试教和修改提高资源的实效性。同时，教师还应该主动与学生沟通，了解学生的学习需求和意见，开发切合实际的多媒体教学资源，从而更好地完成教学目标，提高课堂教学的质量。

第三节　多媒体教学课件的设计与制作

一、多媒体教学课件设计的基本步骤

高校英语多媒体教学课件设计的基本步骤一共有四个，分别是设计课件结构、搜集多媒体素材、多媒体课件整合以及课件测试与发布。

（一）设计课件结构

高校英语教学课件的设计和制作涉及多种媒体的交互和集成使用，因此英语教师在制作课件时需要根据教学目标来确定课件内容和设计整个课件的结构。教学目标是课件设计的核心依据，不同的教学目标会导致教师选择不同的教学方法、教学手段和课件媒体。

教学目标可分为三类：教学宗旨、培养目标和教学目标。教学宗旨是教育目标的宽泛定义，通常由专门的教学指导委员会制定，涵盖教学理念、教学哲学、学校的教育任务和学生的学习任务。培养目标是从教师视角出发的培养目标，即学生经过一定时期的教育和培养后在某学科上能达到的最终水平。教学目标是课堂教学中教师需要完成的具体教学目标。这三个层次的目标分别对应培养方案目标、课程目标和课堂目标。

高校英语教学课件设计通常可采用四种结构：线性结构、分支结构、网状结构和混合结构。无论选择哪种结构，都需要注意设计好课件的"导航"。导航的设计有两层含义：一是教师能根据导航熟练地使用课件；二是教师能按照设计好的课件结构轻松找到想要展示的部分。

在制作高校英语教学课件时，教师应以教学目标为核心依据，根据不同的目标选择适当的教学方法、手段和媒体。同时，教师还需要关注课件结构和导航设计，确保课件的使用能够达到预期的教学效果。

（二）搜集多媒体素材

高校英语多媒体教学课件所采用的多媒体素材通常包括图片、文字、音频、视频等，这些素材需要教师精心搜集和筛选，并进行一定的设置安排，以提高教学课件的整体水平。在制作课件的过程中，不同的素材可以单独使用，也可以结合使用，但教师在选择和设置教学媒体时应考虑以下几个方面的问题：

首先，教师应该选择和确定具有较高功能效果的教学媒体，尤其要注意多媒体组合应用的价值。教师必须学会判断哪些教学内容需要用多媒体形式来展现，哪些教学内容不需要用多媒体形式就能很好地展现，以保证多媒体教学的高效率和最优化。

其次，教师应该了解多媒体教学的功能特征，分清不同类型媒体之间的差异。教师最终选择的媒体手段应该适合表现相应的教学知识和技能，应有助于英语教学的深化发展。

再次，教师应尽量选择高效能低损耗的媒体模式，使用教学媒体的目标应该十分明确，最终的使用结果应该有助于学生的学习。教师还应考虑学生的学习特点和兴趣爱好，根据学生的需求和实际情况选择和使用教学媒体，以提高教学效果和学生的学习兴趣。

最后，教师在制作多媒体教学课件时，应该选择和确定具有高功能效果的教学媒体，了解媒体教学的功能特征，选择高效能低损耗的媒体模式，考虑学生的学习特点和兴趣爱好，以提高教学效果和学生的学习兴趣。

（三）多媒体课件整合

高校英语教师应根据课件制作的要求和教学目标的要求，将之前精心搜集和筛选出来的多媒体素材按照一定的标准和规律进行整合。整合的过程需要用到一些课件制作工具，如 PowerPoint、Authorware 等。教师对多媒体素材的整合过程就是课件生成的过程，因此教师要注意整合的实用性和艺术性。

在整合多媒体课件的过程中，教师必须考虑到信息输入的多媒体化和学习者的学习习惯、接受能力，从而更好地发挥多媒体课件的作用。同时，多媒体课件的整合还需注意以下几个方面的内容：

根据教学目标和教学内容，突出教学重点。在多媒体教学课件的整合过程中，突出教学重点是十分有必要的。教师需要根据学生的学习能力和学习需求，适当设置关键点，防止学生无从下手。在选择多媒体素材时，教师也需要注意素材的实用性，让学生通过学习掌握知识点和技能。

根据实际的教学需要，为学生提供适量的多媒体学习资料和资源。这样做的目的主要是方便学生的课后自学以及自我提升。同时，这些资源也可以帮助学生巩固知识、提高技能水平。

教师可以创设接近真实的对话情境或故事情境，增加师生间的交流与互动，活跃课堂气氛，调动学生参与课堂活动的积极性，激发学生学习英语的动机。通过多媒体素材展示真实情境，学生可以更好地理解和应用知识点和技能。

教师可以提供教学示范，供学生模仿学习，启发学生开动脑筋进行思考，培养学生的思维能力和综合语言应用能力。通过模仿，学生可以更加深入地理解知识点和技能，并能够应用到实际生活中。

（四）课件测试与发布

当多媒体教学课件制作完成后，制作者应该对课件进行全面的测试以确保其正常运行。因为多媒体课件包含大量的多媒体素材，如图片、音频、视频等，这些素材很可能出现媒体链接问题或播放问题。因此，制作者需要对每一个结构分支进行运行测试，以观察和寻找其中存在的问题并及时纠正。

通常在办公室或其他场所的计算机上制作的课件在任课教师的计算

机上使用之前需要提前拷贝出来，在除本机之外的第二台计算机上做测试，这样就可以基本确定课件在教学过程中能正常运行。此外，由不同多媒体教学课件制作工具制作出的课件，其存储方式或发布方式是有差别的。教师需要将课件以及课件中包含的媒体素材及辅助播放软件打包放在一个文件夹中，并对其中的链接做相应的调整，然后再将整个文件夹保存到固定存储器中，或上传网络云盘，或将其发布后刻录成光盘，以便于在教学中使用。

因此，教师在制作多媒体教学课件后，应该仔细测试课件的运行情况，并根据实际需要选择合适的存储方式或发布方式，以确保课件能够在教学中起到良好的作用。

二、多媒体教学课件设计的界面配色

在多媒体教学课件的设计和制作过程中，合理的色彩搭配是至关重要的，因为不同的色彩组合会产生不同的视觉效果，从而对学生的视觉感受和学习体验产生影响。

（一）色彩的对比与调和

为了了解课件设计过程中的界面配色，我们需要先了解色彩对比和色彩调和的概念。色彩对比是指通过比较两种或两种以上的色彩在空间或时间上的差异，从而产生明显的差别与相互关系。而色彩调和则是指通过合理搭配两种或两种以上的色彩，产生和谐统一的效果。在色彩构成的世界中，色彩对比和色彩调和两者是相互矛盾又对立统一的关系，它们所追求的色彩效果和产生的作用是不同的。色彩对比强调颜色之间的差别，让人产生强烈的视觉冲击；而色彩调和则是通过寻找色彩之间的相同之处或内在联系来减少色彩之间的差异，使画面给人一种和谐、统一、含蓄的感觉。课件设计中的色彩对比包括色相对比、明度对比、纯度对比、补色对比和冷暖对比（图4-1）。

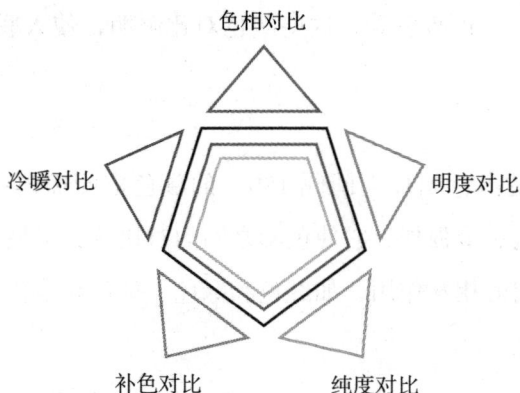

图 4-1　课件设计中色彩的对比

1. 色相对比

色相对比是以颜色的色相差异为主要形式的对比，是色彩对比中非常重要的一种形式。不论是纯度高的颜色还是纯度低的颜色都可以进行色相对比。同类色对比、冷暖色对比和邻近色对比等是色相对比的具体形式。

2. 明度对比

明度对比指的是不同颜色明度之间的差别形成的对比效果。在色彩对比体系中，明度对比是非常重要的一部分，因为它能够使不同的颜色之间在层次、质感和空间关系上产生对比效果。每种颜色都有其独特的明度值，比如亮黄色的明度较高，橙色和绿色属于中等明度，而蓝紫色的明度则偏低。

3. 纯度对比

美术学中的色彩三要素包括色相、纯度（饱和度）和明度。其中纯度对比就是以色彩中的纯度差异为对比关系而呈现出来的色彩效果。纯度对比将色彩划分为高纯度、中纯度和低纯度三种色调。以低纯度为主的色调会给人一种温馨、典雅、柔和的感觉，如浅米色、深棕色和藏青色；以高纯度为主的色调则营造出一种色感强烈且丰富多彩的氛围，如鲜红色、亮黄色、正蓝色等，这些颜色对比鲜明，使人联想到欢快的节日气氛。

4. 补色对比

补色对比是指色相环上间隔 180°的颜色搭配而形成的色彩对比，这类对比最饱满、最强烈，它使色彩之间的对比达到了最大的鲜明程度，还加强了色彩间的相互作用，如红色和绿色、黄色和紫色、橙色和蓝色、黄绿色和红紫色。

5. 冷暖对比

由于色彩感觉的冷暖差别而形成的色彩对比称为冷暖对比。冷暖对比形成冷暖色调。一般红色、橙色和黄色属于暖色调，蓝色、绿色、蓝紫色属于冷色调。冷暖即色性，是心理因素对色彩产生的感觉。例如，人们看到暖色调就会联想到阳光、火焰、霞光、橙柚等事物，进而产生温暖、欢快、热烈、开朗、兴奋等心理反应；看到冷色调就会联想到天空、海洋、冰雪、青山、草原、碧水等景物，进而产生宁静、深远、悲伤、寒冷等心理反应。

（二）配色的基本方法

配色即色彩的搭配，多媒体教学课件的色彩搭配要以大众的审美习惯为标准，同时要兼顾课件的特点。在进行色彩搭配时教师要遵循三个基本原则：一是要注意色彩搭配的合理性，颜色对比鲜明的色彩一般比较吸引人的注意力；二是要注意色彩搭配的独特性，除了常见的搭配，还要有别出心裁的搭配；三是要注意色彩搭配的艺术性，色彩搭配要适合课件的主题。具体分析，教师在设计课件的过程中可以采用以下三种配色方法。

1. 同类色配色法

同类色配色法只选用一个色相，非常容易调和，且同一色相配色是统一性很高的调和配色。同一色相的色彩搭配具有简洁、清爽、和谐的特点，但过于类似可能会显得十分单调，因此有必要在明度和亮度上进行调整、变化。

2. 邻近色配色法

邻近色是指色相环上相邻的两种颜色。这种配色方法一般是先选用一种颜色作为主色调，然后将其相邻的颜色作为补充、点缀，如以蓝色为主、以绿色为辅或者以黄色为主、以橙色为辅。邻近色的搭配也是比较和谐的，一般不会使界面看上去有视觉冲突。

3. 对比色配色法

前文提到，对比色是指在色相环中处于相对立位置的两种颜色，这种配色法由于涉及颜色的对比效果明显，会给人以欢快、活泼、刺激的感觉。相比之下，对比色配色法的操作难度比前两种配色法要高。如果使用不当，可能会让人产生烦躁不安、情绪不稳的感觉。因此，对比色配色法比较稳妥的使用方法是以一种颜色为主色调，另一种颜色为辅色调。主色调占据绝大多数空间，而辅色调则发挥点缀、丰富整个界面的作用。

虽然多媒体课件的配色原则在理论上对英语教学课件的设计具有一定的指导意义，但教师需要注意的是，根据这些原则和方法设计出来的教学课件也许在教师的计算机上可以展现出完美的效果，但是在课堂投影条件下播放的课件则会产生不同的效果。例如，相邻的色调对比度太小会使文本的辨识度降低，可能导致学生看不清楚。因此，教师在上课之前最好将课件用投影仪打开测试。如果发现主要文本的色调偏暗或不容易辨认，就应该立刻进行调整和修改，以免影响正常的教学活动。

三、多媒体教学课件制作的重要原则

如图 4-2 所示，在英语多媒体教学课件的制作过程中，教师要遵循以下基本原则：

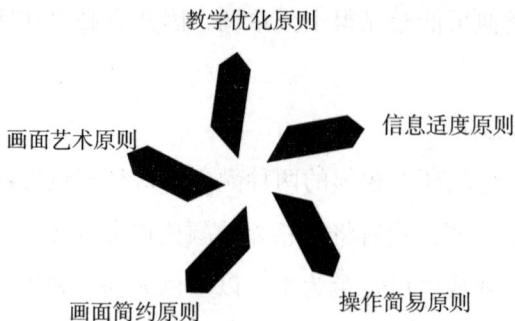

图 4-2 多媒体教学课件制作的重要原则

（一）教学优化原则

在高校英语教学中，使用多媒体课件作为教学辅助手段是为了改善教学效果，实现教学的最优化。然而，并不是每一节课都需要使用多媒体教学课件，教师需要在课前明确本节课的教学目标，确定教学内容，以决定是否需要制作和使用多媒体教学课件。在制作教学课件时，教师需要选取传统教学法难以展示或无法展示的知识内容作为多媒体课件的素材，利用多媒体手段展示教学内容，优化教学结构，以实现学生对语言知识的理解和掌握，更新学生的语言认知系统。教师在决定制作教学课件之后，要注意选取传统教学法不易展示或不能展示的知识内容作为多媒体课件的素材，充分利用多媒体图文并茂、声色俱佳的优势展示教学内容、优化教学结构，以实现学生对语言知识的理解和掌握，更新学生的语言认知系统。

（二）信息量适度原则

英语多媒体教学课件的制作需要遵循信息量适度的原则，避免信息量过大或者过小。事实上，英语教师在制作多媒体教学课件的过程中很容易出现信息量过大的问题。虽然克拉申关于二语习得的 i+1 理论假设认为学习者要保证足够多的可理解输入才能习得第二语言，但这个量也不是没有限度的，相反，多媒体教学要遵循循序渐进的教学原则，尤其在语言教学方面，不能操之过急①。

有些教师在制作英语多媒体教学课件时，可能会过分关注展示文化背景知识等外围内容，而忽略了教学目标和教学重点。例如，有些教师在介绍短语"The eve of All Saints' Day"（万圣节之夜）时，在课件中添加了很多展示万圣节的历史由来、习俗文化的图片、歌曲、影视作品等，尽管展示的内容地道、丰富，图片精美、有趣，学生也欣赏得十分投入，学习得十分开心，但这并不是教学的重点内容，学生需要掌握的重点内容可能被淹没在众多新信息的介绍中，学生的注意力也被这些新鲜的文化知识所吸引，从而无法专心学习其他知识技能。实际上，教师应该根据教学目标和教学内容的需要，有针对性地选择多媒体素材，适当控制课件中的信息量，以确保突出教学重点，避免信息过载对学生学习的干扰。教师应该清晰地认识到多媒体教学课件的作用和定位，把它作为一种服务于教学的手段，而非教学的终极目标。在制作课件时，要始终以教学目标为导向，精心设计，适度呈现，以达到最佳的教学效果。

（三）操作简易原则

当前高校英语课程时间较为紧张，英语教师在这有限的时间内要完成复习、新知识讲授和学生练习等多项任务，因此，制作的多媒体教学课件应遵循操作简易原则。要评价一个多媒体课件是否符合操作简易原则，可以从以下三个方面出发进行考虑。

1. 课件的安装或运行快捷

课件能够快速安装到任何教室的多媒体设备上，并且能够快速解析和运行，同时课件中的音频和视频素材应该是通用格式的，以避免播放器或设备兼容性问题。

---

① 许智坚. 计算机辅助英语教学 [M]. 厦门：厦门大学出版社，2015：86-88.

2. 课件操作简单、灵活、可靠

可以通过目录和菜单等简单易用的功能快速定位和使用课件中的内容，可以保证链接和内部功能正常打开和使用，教师能够方便地找到所需的内容。

3. 兼容性强

课件需要的工具、插件和字体等与设备系统和软件系统兼容性强，以确保课件可以在各种硬件和软件环境下正常运行，同时避免出现死机等问题。

（四）画面简约原则

在制作英语多媒体教学课件的过程中，教师要遵循课件画面简约原则。这一原则的主要目的是在吸引学生注意力的同时，避免出现过多干扰学生注意力集中的、与教学内容无关的信息。为了实现这一目标，教师可以从以下三个方面着手。

1. 画面布局突出重点

多媒体课件的画面布局应侧重于突出教学重点，引导学生集中注意力在核心内容上。为实现这一目标，教师应确保同一画面上的教学内容（无论是文字还是图片）尽量简洁，避免使用过多装饰性图片，尽量不使用动态效果的标题或图案，注意插入的音乐随时可以关闭等。

2. 画面文字数量控制在合理范围内

为使多媒体课件保持画面简约，教师应合理控制画面上的文字数量。过多的文字容易导致学生视觉疲劳，对短时间内的理解和消化吸收也构成挑战，不利于他们专注于语言学习过程。因此，在设计课件时，除阅读性材料外，有关知识讲解的内容每页最多 12 行；在字号设置上，汉字不小于 24 号，英文不小于 28 号。

3. 简约的页面切换与动画效果

在切换不同页面时，选择的动画效果应以简约为主，避免过于烦琐，减少放映时间。同一页面上文字图片的显示、跳转应"浅入浅出"，不要过于花哨；在控制文字、图片显示和页面切换时，还需注意背景音效，避免声音出现突兀。

　　遵循简约原则对于制作英语多媒体教学课件至关重要。教师应在画面布局、文字数量及动画效果等方面进行合理控制，以便在保持课件吸引力的同时，确保学生注意力集中在教学内容上，从而提高课件的教学效果。

（五）画面艺术原则

　　英语多媒体教学课件应在简约性和艺术性之间达到和谐统一。这样的课件不仅有助于提高教学效果，还能给学习者带来美的享受，帮助他们在学习过程中保持积极的情绪和心态。因此，英语教师在制作课件时需注意以下方面。

　　1.合理的色彩搭配

　　课件画面的色彩应和谐且易于接受，以提升视觉效果和审美体验。

　　2.生动且匀称的结构设置

　　课件结构应富有趣味性，同时保持布局均衡，有利于学生在学习过程中形成清晰的知识结构。

　　3.流畅的声音效果和动作展示

　　课件中的音效和动画应自然流畅，避免突兀，增强学习者在观看过程中的视听体验。

　　总之，教师在制作和使用多媒体教学课件时，应关注教学目标的实现，确保课件内容和表现形式相辅相成。避免过分追求华丽的表现形式，以免分散学生注意力，影响教学效果。同时，教师应处理好教师、学生与课件在课堂教学中的关系，明确各自的角色和职责，以提高课堂教学质量和实现高效教学。

四、多媒体教学课件的使用与评价

（一）多媒体教学课件的使用

在高校英语教学中，教师应该根据教学目标，与教学方法紧密配合，将课件展示得更好，以充分展现教学知识和技能，并充分发挥多媒体技术在英语教学中的优势。在使用课件的过程中，教师还应注意以下几点：

（1）处理好教师、学生和课件在教学活动中的关系，充分发挥教师的组织、引导作用、学生的主体作用和课件的辅助作用。

（2）控制好课件展示的时机，注意页面的切换速度和效果，保证学生有足够的时间思考和消化所学知识，培养学生的多向思维能力。

（3）注意师生之间的互动与交流，适当使用板书，防止学生产生视觉疲劳，保证学生的注意力一直在学习上。

（4）使学习者在有意注意和无意注意之间相互转换，适当满足其自尊心和表现欲，激发其学习的积极性和主动性，使其保持长久的学习动力。

在使用多媒体教学课件完成课程教学后，英语教师有必要进行课后反思。课后反思是对课件的使用效果、存在的问题等进行回忆和思考，得出可继续保持或适当调整的结论。这些结论能为教师下一次使用课件提供反馈信息。根据反馈信息，教师可以意识到使用多媒体课件开展教学活动的优势和不足之处，并加以调整和改进，以实现最终的教学目标。

（二）多媒体教学课件的评价

在高校英语教学中，多媒体教学课件的评价既涉及对教学内容的评价，也涉及对多媒体教学课件本身的评价。为了科学评价英语多媒体教学课件，需要建立一个科学的评价指标体系。这个评价指标体系应当包括教育性、科学性、艺术性、技术性和实用性评价五个方面。其中，教育性评价包括对多媒体课件教学内容和效果的评价；科学性评价包括对多媒体课件制作的规范性和教学媒体使用的科学性的评价；艺术性评价主要涉及课件的界面设计和整体设计水平的评价；技术性评价包括课件制作技术水平和软件的运行效果的评价；实用性评价是指教学课件内容和设计都应符合英语教学的教学目标和要求，具有科学性和实用性。

1. 教育性

英语多媒体教学课件的教育性评价是对教学内容和教学效果进行综合评价的过程。

其中教学内容评价的指标包括符合《英语课程标准》所规定的总体培养目标，适应不同阶段学习者的语言发展能力和认知水平，知识结构体系清晰、难易结合、突出重点，选取的素材符合教学内容的要求和学生的身心特点，能够全面提高学生的英语听、说、读、写能力。

教育性评价中对多媒体课件教学效果的评价指标包括通过参与教学活动，学生的语言应用能力和语言交际能力得到提高；通过参与课件教学活动，学生学习英语的兴趣得到培养，自信心得到提高；教师通过开展课件教学活动，解决了传统教学模式难以解决的教学难题，优化了教学过程。这些评价指标有助于确保英语多媒体教学课件的教育性能够得到科学、全面、客观的评价，从而为教学质量的提高提供支持。

2. 科学性

英语多媒体教学课件的科学性评价涵盖两个方面，即课件内容的规范性和教学媒体使用的科学性。

内容的规范性是指教师在教学过程中应当保证所选用的教材内容符合相关教育部门颁布的教学大纲和课程标准，并具有一定的学术价值和科学性。教师应该仔细研究所授课程的教材内容，进行科学辨认和选择，确保所选用的教材内容的准确性、科学性和规范性。教师还可以适当添加一些课外补充知识，以便更好地扩充学生的知识面和提高学生的英语水平。

教学媒体使用的科学性也是评价英语多媒体教学课件科学性的重要方面。教师应该合理选择和使用多媒体教学工具和技术，如视频、音频、图片等，确保多媒体课件制作和演示的科学性和实用性，提高教学效果和学生的学习成效。

3. 艺术性

英语多媒体教学课件的艺术性评价主要从课件的视觉和声音两个方面进行。

其中，视觉方面的评价指标包括：界面布局合理、样式美观；文字、图片和背景页面的颜色搭配得体；图片或动画清晰稳定；其他色彩搭配和谐，整体视觉效果佳；音乐、动画播放流畅、没有卡顿。

声音方面的评价指标则包括：文字、声音和色彩相互搭配合理或新颖、有创意，表现力强，符合英语教学目标的要求和学生的认知水平；页面播放流畅、层次分明、节奏紧凑；图形图像与相应的解释说明搭配到位、和谐统一。这些指标的达成可以使得英语多媒体教学课件的视觉和声音效果达到最佳状态，从而提高教学效果，使得学生更好地理解和掌握英语知识。

4. 技术性

英语多媒体教学课件的技术性评价主要涵盖两个方面：课件制作的技术水平和课件中所涉及软件的运行效果。课件制作的技术水平主要体现在课件的稳定性和可靠性上，包括课件是否能在各种操作系统上顺利运行，是否存在程序崩溃、卡顿、加载过慢等技术问题。另外，教师还要就课件的易用性和用户体验进行考察，包括课件的界面设计是否直观，操作流程是否简单明了，学生是否能轻松地访问和掌握所有的功能。

软件的运行效果是评价课件制作水平的重要指标之一，其表现为软件的运行稳定性和性能良好性，具有很强的兼容性和容错力，能在各类计算机和多媒体设备上正常运行；软件还应具有较强的操作性和可控性，使操作者能够轻松找到所需内容。此外，软件的运行效果还可以从程序设计、技术手段、画面解说等方面入手进行评价。

5. 实用性

英语多媒体教学课件的实用性评价是指，教学课件应该具备符合英语教学的教学目标和教学要求的科学性和实用性，同时具备一定的推广价值，能够给其他教学工作者带来启示和灵感。具体来说，实用性主要从以下几个方面体现：

课件选题应当科学合理，选择解决传统教学模式难以解决或不方便解决的问题，因此使用多媒体课件展示非常重要。

课件内容的选择应当恰当，不过于简单也不会过于复杂，应当在学生的认知能力范围内，并且能够启发学生的英语学习思维。

对于使用语言解释难以理解的知识点，借助多媒体手段能够生动形象地表达出来，从而促进学生的理解和掌握。

良好的多媒体课件制作能够活跃课堂气氛，激发学生学习英语的主动性与自信心，从而提高教学效果，达到寓教于乐的目的。

事实上，课件制作不需要特别高的技术手段，但是只要使用起来操作方便、效果好，就值得其他教师学习和借鉴。

第五章　高校英语课堂教学设计
——教学方法设计

第一节　任务型教学方法

一、任务型英语教学方法概述

任务型教学方法的核心是任务，即教师在进行教学时，通过引导性的语言激发学生完成任务。这种教学方法注重"学中做"，是交际法教学的进步。它的核心理念是模拟人们在社会生活中使用语言参与各种活动，将语言与学生未来日常生活中的语言应用相结合。

在英语教学中，采用任务型教学方法可以有效提高学生的语言运用能力。在实际操作中，该方法需要以学生为中心，引导他们积极参与实践、互动和协作学习。在参与活动的过程中，学生能够了解语言，运用语言，发现问题并找到解决方案，从而掌握英语知识和应用技巧。

二、任务型教学方法的特点

任务型教学方法作为一种先进的教学理念，其在以下六个方面具有一定的特点（图5-1）。

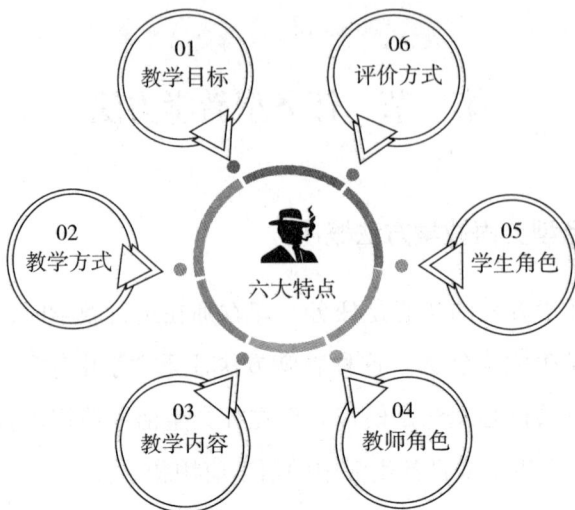

图5-1　任务型教学具有特点的六大方面

（一）教学目标

在教学目标上，除了让学生学习语言知识之外，还应该把提高学生的语言应用能力和培养他们的情感态度作为教学目标。在实际教学过程中，任务型教学方法要求学生在不同的情境下完成任务，因此这种模式对语言的应用要求很高。同时，在完成任务的过程中，学生通常需要进行小组合作，这也意味着培养学生的团队合作意识是十分重要的。

（二）教学方式

任务型教学方法强调教学过程中的开放性和参与性，目的是激发学生的学习兴趣和积极性。在这种教学方法下，教师的作用是引导学生积极参与教学活动，并鼓励他们与其他组员共同完成任务。

在英语教学中，应用任务型教学方法需要根据教学内容设计各种类型的任务。例如，教师可以设计表演、采访、角色扮演等多样化的任务，使学生通过各种场景来学习和运用英语。这种多样化的教学方式不仅可以调动学生的学习积极性，还有助于学生更好地理解和掌握英语知识，提高教学效果。

任务型教学方法通过提供开放性和参与性的教学环境，使学生更愿意投入学习中。教师应根据教学内容设计各种类型的任务，让学生在实际应用中学习英语，从而提高教学质量和效果。

（三）教学内容

教学内容应当真实、有意义。对于英语教学来说，在应用任务型教学方法时所选的教学内容应尽可能取材于日常生活，以便引起学生共鸣，从而使学生在轻松的氛围中习得英语知识。

教学内容的真实性和有意义性对于英语教学至关重要。在应用任务型教学方法进行英语教学时，教师应选择贴近学生日常生活的教学内容，以提升学生的兴趣和参与度。通过这种方式，学生能够更容易地将英语知识与实际生活联系起来，从而在轻松愉快的学习氛围中掌握英语技能。

真实、有意义的教学内容能够帮助学生更好地理解英语在现实生活中的应用，使他们能够在不同场景下运用所学知识。这种教学方法有助于增强学生的学习动力，鼓励他们更加积极地参与到英语学习中。

（四）教师角色

在任务型教学方法下，教师的角色是组织者和引导者，负责设计和实施任务。这要求教师在教学过程中能够引导学生积极思考问题，帮助他们理解新知识并将其与旧知识衔接起来。只有使课堂掌握在学生手中，才能真正落实以学生为本的教学理念，促进学生的全面发展，提高教学效果。

（五）学生角色

任务型教学方法下，学生是课堂的主体和教学活动的中心。在教师的组织和引导下，学生积极参与课堂活动，学习新知识，并将其应用到实践中。学生不再像传统教学模式下那样被动地接受知识，而是主动探索和获取知识，他们成了自己行为的监督者。

（六）评价方式

任务型教学方法重视教学评价，既要评价教学结果，也要评价学生在教学过程中的表现。教师需要将教学目标分解为多个子目标，并通过对学生完成每个子目标的情况进行评价，从而将学生所学的知识和学习过程有效地结合起来。最后进行综合评价，以评估学生的学习成果和学习效果。这种评价方法能够激发学生的学习兴趣，鼓励他们积极参与教学活动，并促进他们全面发展。

三、任务型英语教学方法的实施原则

应用任务型英语教学方法时要想保证教学效果，就必须遵循一定的教学原则，主要包括以下几个原则（图 5-2）。

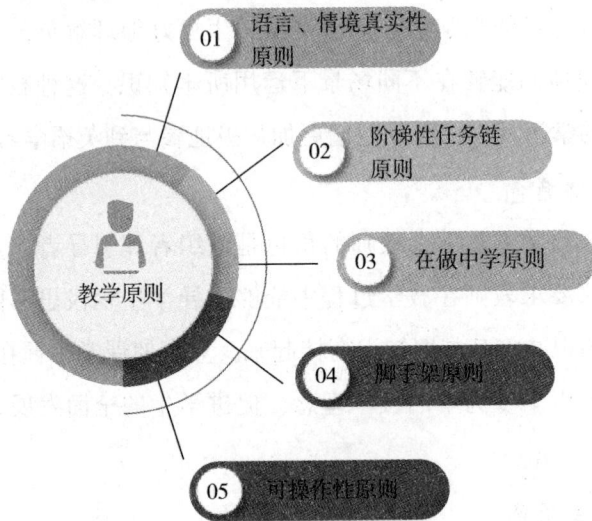

01 语言、情境真实性原则

02 阶梯性任务链原则

03 在做中学原则

04 脚手架原则

05 可操作性原则

教学原则

图 5-2　应用任务型教学方法的教学原则

（一）语言、情境真实性原则

英语教学的语言材料应该是真实的，最好是生活中常见的，以便学生在真实的语境中感受和使用语言。此外，教学任务的制定也应该结合教学实际情况和现实生活需要，为学生创造自然真实的语境。

然而，有时候一些非真实的材料也可以应用于教学活动中，只要它们能够促进学生英语学习能力的提高，并且这些材料是科学的和正确的。总之，教师需要在教学实践中灵活运用材料，以便更好地促进学生的学习。

（二）阶梯性任务链原则

任务设计需要具备阶梯性，即任务难度应该由简单到复杂，从最初的任务到最后的任务应当存在关联性，确保这些任务构成一条完整的任务链。每个学生的接受学习能力不同，教师应该遵循阶梯性任务链的原则，以满足不同层次学生的需求，使每个学生都能够找到适合自己的任务，从而在学习英语的过程中获得成就感，并保持学习的积极性。

此外，在对学生进行语言技能训练时，教师需要先输入语言材料，确保学生有扎实的知识基础，然后再输出经过逻辑思维加工的结论，从而保证得出的结论的准确性。在英语教学中，保持阶梯性就是要遵循先听、读，后说、写的教学顺序。

（三）在做中学原则

完成教师布置的任务能够帮助学生进一步内化语言知识，从而获得成就感。单纯地听讲并不能完全理解和消化知识，学生需要通过自己动手动脑、积极主动地探索和研究来加深对知识的理解和记忆，在实践中学习新知识，并将其融入已有的知识体系中。

（四）脚手架原则

脚手架原则最初是由美国教育家布鲁纳从建筑行业借用的一个专业术语。在教学中，教学方法可以被看作一种"脚手架"。教师需要给予学生足够的人文关怀，在教学活动中适当地鼓励学生并给予肯定，以使学生获得安全感和成就感，从而激励他们勇敢地完成任务。

（五）可操作性原则

教师设计的任务应当具备可操作性，但同时需要避免设计环节过多、程序过于复杂的任务。这就要求教师必须在课前对课堂教学内容进行充分分析，围绕教学内容确定特定的交际目的和建设语言环境，以便在课堂教学活动中，学生能在完成任务的过程中轻松地习得知识。

四、任务型英语教学方法的策略

（一）创设情境，营造自由与和谐的学习氛围

营造轻松愉悦的学习氛围有利于激发学生的求知欲望，提高学生的记忆力，促进教学工作的开展。因此，在采用任务型英语教学方法时，应为学生创设愉快的情感体验与和谐的学习环境。教师设计的问题应当能够引导学生树立学习动机，激发学生的学习兴趣。

同时，在学生完成任务的过程中，教师应适当地引导和指导学生，给予一定的建议，鼓励学生大胆尝试，与学生建立良好的关系，走入学生的内心，了解学生的思想和感情。学生在这样轻松自由的情境下完成任务，能够产生积极的学习效果。

（二）组织学生小组合作，激发学生的创新动力

小组合作学习是以合作学习小组为基本形式，利用教学中动态因素之间的互动来促进学生的学习。在教学活动中，教师应结合教学目标和教学材料，为学生安排适合小组合作完成的任务，让学生在小组合作中学习和了解他人的思维和能力，大胆创新，并培养学生的团队意识和竞争意识。在英语课堂中，教师应尽可能调动学生的嘴巴、手和大脑，让学生在小组合作中积极交流、动手和动脑，激发学生的潜能，形成师生、生生相互影响、相互促进的教学局面。

（三）开展全面的教学评价

教学评价是对教学活动现实或潜在价值进行判断的过程。在英语教学中，教学评价实际上是评估教师教学和学生学习价值的过程。在应用型英语教学方法下，进行教学评价能够对教师的教学效果进行有效反馈，有助于教师找到教学中的不足，从而调整教学方案。同时，教学评价还可以对学生起到监督和强化指导的作用。任务型教学活动必须有一个结果，教师需要对这个结果进行定性和定量的综合评价，这种评价能够让学生产生完成任务的成就感，有利于进一步激发学生的学习动机，提高学生的学习积极性。

第二节　认知型教学方法

在当前的语言学研究中，尽管关于认知语境的定义尚无定论，但本书从英语教学的角度将其理解为一种综合体，包括话语的上下文、实际情境和文化背景。这些因素通过个人的体验和经验，经过信息处理和心理建构，储存在大脑中。

在实际交流中，认知语境会被激活并转化为现实语境，也称之为即时语境。这有助于提高交流的效果，使信息的传递和接收更为顺畅。

在认知语境下的英语教学中，教师鼓励学生充分发挥智力潜能，强调对语言规则的掌握，但对学生学习过程中的情感因素关注相对较少。

一、直接法

直接法是一种起源于 19 世纪末 20 世纪初的外语教学方法。这一方法的诞生推动了欧洲经济的快速发展，并加速了国际交流的步伐。因此，世界各国对外语人才的需求急剧增加。直接法让人们更加重视外语人才的口头表达能力。当时，许多教育家和语言学家强调了口语和语音训练的重要性，在很大程度上促进了外语教学的发展与改革。在 20 世纪初，直接法在国际外语教学中得到广泛应用，受到越来越多人的推崇。

直接法强调口语训练，采用演绎法教授语法规则，对于特别难懂的语法和句式，使用母语进行解释。在教学内容方面，直接法关注语言的句法结构，主张通过句型展开教学，最常用的方法是模仿。由此可见，直接法教学建立在语言结构的基础之上。

根据以上分析，可以总结出直接法教学遵循的五大原则，即直接联系原则、句本位原则、以模仿为主原则、用归纳法教语法原则以及以口语为基础原则。

二、听说法

听说法教学相较于直接法教学，发展更加成熟且内涵更为丰富。这种方法旨在通过多次强调和练习，显著提升学生的听说能力。听说法具有四大特点：口语为先，听说领先；多样化操练；严格控制，培养语言习惯；限制使用母语。听说法强调句型的重要性，主张在教学过程中加强练习。

在英语教学中，采用听说法可为学生营造一个良好的语言环境，让学生保持轻松愉悦的心情，有效激发他们积极参与口语交流，培养良好的学习习惯。听说法通常遵循以下步骤：认知、模仿、重复、变换、选择。

听说法教学主要有两种模式：PWP 模式和 3P 模式。

PWP 模式包括 pre-listening、while-listening 和 post-listening。听前阶段，教师需要提前准备好播放材料，设置提问问题，导入背景知识，并根据听力难易程度整合教材中的题目，设置听力材料顺序。听时阶段，逐段播放听力材料，在每一小段对话后留出短暂时间供学生思考。如有难度，可多次播放。听后阶段，教师应鼓励学生模仿听力中的语句进行听说练习和听写练习。

3P 模式包括 Presentation、Practice、Production。首先，教师通过解释、举例、角色扮演等方式向学生介绍新的语言项目。其次，教师给予学生机会，让学生运用所学知识进行课堂练习，过程中要把握节奏，从控制到半控制状态，逐步增加学生自主性。最后，教师鼓励学生积极运用语言进行交际。

三、翻译法

翻译法的产生和发展与语言认知有着密切联系，自诞生以来，对英语教学产生了重大影响。其中，最具影响力的是语法翻译法，以下将对其进行详细阐述。

语法翻译法是一种通过翻译来教授外语书面语的教学方法，采用语法讲解和翻译练习相结合的方式进行外语教学。语法翻译法具有以下几个显著特点：

第一，该方法的教学目的在于培养学生阅读外语原文的能力，同时提高他们的写作水平。

第二，语法是该教学方法的核心内容，教师主要负责讲解句子成分和语法规则等方面的知识；词汇教学则通常采用同义词、反义词对比等方式。

第三，逐词将母语翻译成外语是教学的基本手段，外语知识的讲解、练习和巩固均可采用翻译方法进行。

第四，在课堂教学中，教师主要使用母语进行授课，并通过翻译来检查教学质量。

第三节　内容型教学方法

一、内容型英语教学方法概述

内容型教学法（CBI）是目前十分受欢迎的外语教学法体系。早在1987年，克拉克（Krahnke）就提出过内容型教学法是语言内容和信息的教学，而非孤立内容和语言的教学。CBI在最初被提出时，引起了一部分国内外学者的关注，但是其热度也消散得很快。近年来，国内英语教学渐渐开始关注内容型英语教学，并逐渐将其应用到各个层次的英语教学当中。

内容型英语教学是一种英语教学方法，其核心理念是将英语学习与其他学科内容相结合，以提高学生的语言技能和知识水平。在内容型英语教学模式下，英语教学不再仅仅是独立的语言技能训练，而是通过以主题为中心的教学设计，使学生在学习其他学科知识的过程中自然地提高英语能力。这种方法有助于增强学生的学习兴趣和动力，提高英语实际应用能力，并促进跨学科知识的整合。

二、内容型英语教学方法的意义

在内容型英语教学方法中，英语不再是单独的学科，而是作为一种工具，帮助学生学习其他学科知识。内容型英语教学的意义主要体现在以下几点：

（1）提高学习效果。在内容型英语教学方法下，学生需要用英语处理实际问题和整合跨学科知识，这有助于提高学生的语言理解能力、阅读能力和写作能力。同时，通过学习不同学科的知识，学生可以更好地理解和运用英语，从而提高学习效果。

（2）培养跨学科能力。内容型英语教学鼓励学生在学习英语的过程中，探索不同学科的知识。这有助于培养学生的跨学科能力，使他们更好地适应未来社会的需求。

（3）增强文化意识。通过学习不同学科的知识，学生可以接触到更多的文化知识，从而增强自己的文化意识和跨文化交际能力。

（4）适应多元化的学习需求。CBI教学方法可以根据不同学生的兴趣和需求，提供个性化的教学内容，以满足他们的学习需求。

（5）提高学习者兴趣和动力。通过将学科内容与英语学习相结合，学生可以在学习其他领域知识的过程中，自然而然地提高英语水平。这样的教学方法有助于激发学生对英语学习的兴趣和积极性。

内容型英语教学通过将英语学习与其他学科内容相结合，来提高学生的英语水平、兴趣和跨学科能力，为他们未来的发展奠定坚实的基础。这种教学方法有助于培养学生的兴趣和动力，提高英语实际应用能力。

三、内容型英语教学的策略

内容型教学法通过运用目的语教学学科内容，把语言系统与内容整合起来进行教学。这种整合观是基于一种对语言教学的认识：只有同时给予两者相同的重视，而不是将两者分离开来，才能促进两方面同时发展。而运用目的语教学学科内容可以较理想地达到整合这两个方面的目的。其基本策略如下：

（1）教学决策建立在内容上。在传统的教学方法中，如语法翻译法和听说法等，课程设计者和教材编写者通常根据语法难易程度进行内容排序和选择。例如，一般现在时相对其他时态较为简单，因此在教材编写和教学过程中会被优先学习。按照这一原则，容易学习的内容被安排在学习初期。

　　然而，内容型教学法打破了传统教学方法中内容选择和排序的原则。它不再以语言标准为教学出发点，而是将学科内容作为统一语言选择和排序的基础。这种方法将英语作为一种工具，帮助学生学习其他学科知识，而不是单独作为一门学科。因此，内容型教学法重视在学习英语的过程中，让学生探索不同学科的知识，以提高他们的英语水平、兴趣和跨学科能力。

　　（2）整合听说读写技能。传统教学方法往往以独立且具体的技能课程进行教学，如语法课、写作课和听说课。而内容型教学方法试图在整合听、说、读、写四项基本技能的同时，将语法和词汇教学融入一个统一的教学过程中。这种教学原则的产生源于真实的语言交流场景和多种技能协同参与的语言互动活动。

　　同样地，内容型语言教学反对在课堂上坚持先听说、后写作的固定教学顺序。它没有一成不变的技能教学顺序，而是可以从任何一种技能开始。这一原则是对上一个原则的延伸，即内容决定并影响教学项目选择和顺序的具体体现。这样的方法有助于提高学生的学习兴趣和动力，同时也能更好地适应学生多元化的学习需求。

　　（3）教学的每一个阶段都要求学生积极地、主动地参与。换种方式表达：自从交际法出现以来，课堂的焦点从教师转向了学生，"边做边学"成为交际语言教学的基本原则之一。任务型教学作为交际法的一个分支，强调学生在完成任务过程中进行探索和发现式学习。同样地，内容型教学也是交际法的一个分支，强调学生在学习过程中积极主动地参与。

　　支持内容型教学的学者认为，语言学习应该发生在将学生置于教师的语言输入环境中的过程中。同时，学习者还可以在与同伴、同学的互动中获得大量的语言信息。因此，在课堂的互动学习、意义协商、信息收集以及意义建构过程中，学生扮演着积极的社会角色。在内容型语言教学中，学习者可以扮演多种角色，如接受者、倾听者、计划者、协调者、评价者等。

与学习者相似，教师在内容型教学中也扮演着多重角色。他们可以是学生的信息源、任务的组织者、学习活动的引导者、控制者和促进者、学生学习活动的评估者等。教师有效应用这种教学方法有助于提高学生的学习兴趣和动力，同时也能更好地适应学生多元化的学习需求。

（4）学习内容的选择与学生的兴趣、生活和学习目标相关。内容型教学法的内容选择最终取决于学生和教学环境。教学内容通常与具体的教学和教育环境中的教学科目平行。因此，在中学阶段，外语教学内容可以来自学生在其他科目，如科学、历史、社会科学中学习的内容。同样，在高等教育环境中，学生可以选修"毗邻"语言课。"毗邻课"是两个教师从两个角度教学同一内容，从而达到不同教学目标的课型。

在其他教学环境中，教学内容可以根据学生的职业需要和一般的兴趣特点进行选择。事实上，由于对于哪些内容是学生普遍感兴趣或者直接相关的很难确定，教材的编写者、使用者都很难把握这一条原则。但是，由于每个内容单元的教学时间长，教师有大量的时间和机会把课程内容与学生的兴趣以及他们已经具备的知识结合起来。因此，让学生对所选内容感兴趣是内容型教学理论实现的重要基石。

（5）选择"真实的"教学内容和任务。内容型教学的关键要素是真实性，这不仅要求课文内容真实，还要求任务内容真实。歌谣、故事和动画片都可以作为真实的教学内容。将这些真实内容纳入外语教学课堂有助于促进语言学习。同样，任务的真实性也是内容型教学的目标，任务必须与特定的文本背景结合，反映现实世界的实际情况。

（6）对语言结构进行直接学习。内容型教学将学生置于真实的语言输入环境中，旨在帮助学生获得实际交流中使用语言的能力。文本形式、教师在课堂上的语言输入、学生间的配合互动以及小组活动都是内容型教学的信息来源。然而，内容型教学认为，仅通过易理解的输入并不能确保成功地学习语言。针对真实文本中出现的语言结构，必须采取增强意识的方法。这有助于学生更好地掌握语言技能，提高其在实际交流中的运用能力。

第四节　整体型教学方法

一、整体型英语教学方法概述

整体型英语教学方法，又称全语教学方法，强调了语言的整体性特征，认为语言不能被拆分成听、说、读、写等独立的技能。应用这一理论到句子中，可以理解为词汇、短语和句子就像组成一个整体的部件，每个部件都有其特性，但当它们组合在一起时，整体意义通常大于各个部分之和。

整体型英语教学主张在教学中综合考虑学生生活的多个方面，尽可能满足学生的学习需求，包括知识学习的需求和现实生活中的交际需求，从而使教学发挥最大价值，并帮助学生解决现实生活中的问题。

整体型英语教学有助于多角度、多层次地呈现课堂教学主题，强化学生的记忆，促使学生将旧知识与新知识相结合，建立新的知识框架，从而提高英语学习效率。

学者王才仁认为"整体语言法"是将语言学习与其他文化学科相结合，通过跨学科、综合学习推动学生的发展。这样，学生不仅能学习语言，还能掌握更多知识，实现语言学习与其他学科之间的互动。他认为，各个学科之间是相互关联的，如果一个人的母语水平有限，那么在学习英语时也难以取得显著成就，很难在英语交际中表现出色。

二、整体型英语教学方法的意义

整体型英语教学方法强调语言和知识学习的整体性，因此，学生在日常生活和学习中应该全面发展自己。相较于传统教学方法，整体型英语教学更具开放性，教学活动不再由教师按照从部分到整体的顺序进行，而是主张学生积极参与，并遵循从整体到部分的教学过程。英语教师在进行整体型教学时需要注意四个方面：

首先，教师需要通过一定的方式启发学生，让他们先看到整体，然后逐步掌握教学内容。

其次，每个模块的学习都应该是有效的，避免无效的机械训练。

再次，对于学生难以理解的部分，可以先用母语解释清楚，然后再用英语进行师生交流和互动，加强日常交际活动的练习。

最后，教师需要同时关注口语和书面语的教学，以便学生能够更深入地理解和掌握教学内容。

三、整体型英语教学方法应用策略

（一）归纳入新，融新于旧，更新认知结构

在英语教学中，若不重视新旧知识之间的联系，可能会导致学生对知识的掌握不够系统。因此，在运用整体型英语教学方法时，应加强对新旧知识整合的关注，引导学生将原有知识融入新的知识体系中。从心理学角度来看，教学应充分利用同化和顺化作用，帮助学生从整体上建立新的认知结构。

（二）由点到面，点面结合，完善认知结构

零碎的知识片段并非一个整体，因此无法发挥整体效应。对于学生来说，学习知识是一个循序渐进、逐步积累的过程。他们从零开始，逐渐积累知识，换言之，这是一个由点到面的过程。通过不断完善知识结

构，最终形成系统的知识体系。在英语教材中，各种知识点呈现出序列化的特点。因此，教师可以运用"纲要图示"原理，通过绘制知识树或图表等方式，将每个知识点放入特定的框架中，形成知识系统，从而使学生既能看到每棵"树"，也能看到整个"森林"。

（三）融读于写，以写助读，促进读写结合

若要提升学生的英语综合能力，仅关注阅读教学或读写教学是不够的。阅读和写作教学应该并行进行，将阅读与写作相融合，并在阅读教学中融入写作教学元素。这样有助于学生更好地理解语言，并提高他们的语言表达能力。

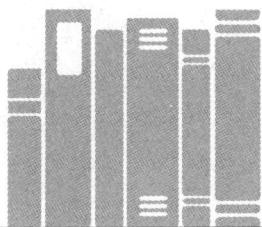

第六章　高校英语课堂教学设计
——教学模式设计

第一节　慕课教学模式

一、慕课教学模式的定义

随着信息技术在教育领域的应用，近年来在线课程教学方式作为一种新型教学模式备受关注，其中慕课（MOOC）是具有代表性的一种。慕课是指由具有分享和协作精神的个人或组织发布在互联网上的开放课程。慕课教学模式因其科学合理的教学内容、多媒体化的教学资源、经验丰富的教学团队以及精心设计的在线学习活动等优势而吸引了大量学习爱好者，为学习者提供了灵活、免费、优质的学习机会。这也促进了很多高校和教育机构开始发展开放在线课程和在线教育项目。

尽管慕课教学模式起源于国外，但自从被我国教育学界和学习者接触后，慕课教学模式迅速成为国内教育界熟知的一种开放的在线课程。与慕课相关的各种研究和应用也越来越多，成为大家关注的一种开放在线课程。然而，慕课并不是唯一的在线课程形式，它只是众多在线课程中的一种。开放的在线课程形式多样，区别在于应用范围、开设方式和教学过程等方面。世界各国、各地区为了发展教育已经推出了多种类型的开放在线课程，如 LOOK（区域开放在线课程）、SOOC（小型开放在线课程）、BOOC（大型开放在线课程）等。

慕课的英文缩写字母 MOOC 分别代表其特点。字母 M 代表 Massive（大规模），指的是参与这种开放性课程的人数众多、因而课程开设的规模较大；字母 O 代表 Open（开放），指的是这一课程以学习者的学习兴趣为导向，具有开放性，任何人都可以登录网络平台参与学习；字母 O 代表 Online（在线），指的是参与课程学习的时间安排时间十分灵活，课程使用客观、自动化的线上学习评价系统，包括随堂测验、考试等环节，还能利用大型开放式课程网络来与大众互动，保证教学互动；字母 C 代表 Course，表示课程包含的学科种类繁多，范围广泛，涵盖科技学科（如数学、统计学、计算机科学、自然科学和工程学）以及社会科学和人文学科（如语文、历史、美术等）。

不同类型的开放在线课程具有不同的针对性和教学特色，但其最终目的都是为学习者提供更多、更合适的学习机会，同时也为教师提供了展现自己教学能力和风格魅力的平台。采用慕课教学模式开展教学活动对于高校英语教学工作的改革和创新具有特殊的意义。

二、慕课教学模式的意义

采用慕课教学模式的意义主要体现在以下四个方面（图 6-1）。

图 6-1　慕课教学模式的意义

（一）符合高校人才培养的需要

高校教育教学工作的目标是为国家和社会培养具有专业能力突出、

综合素质水平较高的新型人才，特别是应用型、实践型人才的培养更为重要。根据新版《大学英语教学指南》的规定，高校应该遵循语言习得和学生学习规律，根据高校类型、层次、招生类型、办学定位、人才培养目标等因素，合理安排相应的教学内容和教学课时，构建反映本校特色、科学合理、动态开放的大学英语课程体系。

因此，现今高校英语课程，即使是同名课程，其课程目标、教学课时、学分安排、目标群体也会有很大的差异；即使使用的教材相同，其教学内容、教学方法、教学效果也各有特点。为了体现高校的办校特色和学科建设特色，他们需要积极探索和研究适合本校人才培养的大学英语在线课程，因此慕课教学模式成为进行课程建设的重要模式。

对于这些高校来说，直接借用其他高校的在线课程资源显然并不合适。他们需要通过研究和探索，开发适合自己学校的在线课程资源，从而体现出本校的办校特色和学科建设特色。慕课教学模式在课程建设中的应用有助于提高教学效果，促进学生学习兴趣和能力的提升。

（二）利于教师教学能力的提升

学者黄元国和陈雪营将大学教师的基础性教学能力分为三种：学科知识运用能力、教学设计能力以及教学实施能力。其中，教学设计能力是一项重要的能力，它体现了教师的教学思维和教学想法。在课程开发和建设中，教师通过认真思考和实践操作来设计课程，这是慕课教学模式的重要体现。制作慕课并不是简单地将传统课堂教学内容搬到线上，而是基于多媒体和信息技术的精细化设计。尽管教学资源种类丰富，很多资源呈现出碎片化、零散化的特点，但是课程的主题一直很集中，慕课平台还具备记录教学过程和内容的功能，这些都会影响课程内容的设计。在高校英语教学中应用慕课教学模式，教师的教学能力可以从以下三个方面得到提升：

微视频授课方式相比传统的面对面教学模式，能够促进授课内容的显意识优化。微视频课程时间短、内容精练，要求教师在课前对课程内容进行深入分析和研究，然后在视频中言简意赅地讲授。经过反复的录制和修改，教师的重复性话语和口头禅大量减少，使得课程节奏更加紧凑，重点更加突出，信息密度也大大增加。视频课程最终以一个作品的形式呈现，学生可以反复观看和学习。

英语教师需要仔细研究并提升课程内容的系统性和层级性。慕课主要以微课视频的形式开展教学活动，微课视频的课程容量不同于传统课堂教学，因此微课视频对教材内容的章节划分也不同于传统教学。英语教师必须重新梳理原来的知识点，并依据网络授课方式的特点对知识进行合理的拆分与重组，从而构建层次分明、结构合理的课程章节框架。

英语教师需要精心设计在线练习和测试环节。为了保证学生的学习效果、调动学生学习的积极性与主动性，英语教师需要认真研究和设计慕课中的在线练习和测试环节，要注意练习和测试的设计必须与授课内容配套，必须针对课程的重难点问题进行设计，这样才能达到巩固学习成果的作用。

在高校英语教学中应用慕课教学模式，教师需要加强教学设计能力，通过精心设计微视频、重新梳理课程内容，以及设计在线练习和测试环节，来提高教学效果，激发学生的学习兴趣和学习动力，从而培养更加优秀的英语人才。

（三）促进专业教学团队的建设

高校英语慕课教学模式的应用能够促进英语教学团队的建设。一个高质量的英语教学团队应由综合教学能力强的英语教师组成。这些教师需要具备扎实的专业基础知识，较强的英语语言应用能力和交流能力、专业资料搜集和整理的能力、组织和设计教学活动的能力、开展专业学术研究的能力、多媒体课件和微课程制作的能力等。然而，在目前高校英语教学团队中，这样多面手的教师所占的比例还有待提高。

英语课程的建设是一个复杂的系统工程，单靠一个人难以建设成功，只有整个教学团队齐心协力、相互支撑才可能完成。集体备课、分工协作、新教师和老教师相互帮助，减少重复性劳动是这项工程建设的必然要求。传统的课堂教学模式无法满足这些需求，整合教师资源、推进团队建设，应用慕课教学模式为教师的职业发展提供了一个现实可行的机会，也能在一定程度上促进高校的师资队伍建设。通过慕课教学模式的应用，英语教师能够获得更多的资源和支持，能够与其他教师共同协作，共同完成课程建设，提高教学质量和效果。同时，教师也能在这个过程中不断提升自身的专业能力，实现个人职业发展。

（四）促进学生英语水平的提升

慕课教学模式在我国高校英语教学中的兴起对提高学生英语水平具有重要意义。具体来说，主要体现在以下四个方面：

1.创造语言使用环境

慕课教学模式可以为学生创造良好的语言使用环境，帮助学生接触地道的英语表达，并与来自世界各地、以英语为母语的人进行在线交流，快速提升学生的英语水平。

2.搭建能力培养平台

慕课教学模式为学生提供了能力培养平台，帮助学生将英语学习与专业学习结合起来，促进学生综合能力的提升。同时，它也能够为学生提供最新的发展评估和专业动向信息，激发学生的学习兴趣和主动性。

3.扩大英语知识储备

慕课教学模式扩大了学生的英语知识储备。传统的英语教学模式在有限的课堂时间内提供有限的英语语言知识，而慕课教学以互联网为依托，为学生提供了丰富的英语学习资源，方便学生及时查找自己想要了解的英语知识，而在线论坛和小组讨论则有助于提高学生学习英语的兴趣和效率。

4.平衡学生学习水平

慕课教学模式可以平衡不同学生的学习水平。传统的英语课堂教学只能根据学生的平均水平进行讲解和指导，而慕课教学模式通过开放性的网络平台，可以为不同水平的学生提供有针对性的教学，有效缓解学生学习水平不一导致的教学矛盾，不受时间和空间的限制为不同水平的学生提供知识巩固和能力拓展服务。

三、慕课教学模式的设计

（一）明确课程建设目标

在设计高校英语慕课教学模式时，首先要明确慕课课程建设的目标，以确保课程建设沿着正确的方向发展。遵循促进课程资源共享和教学过程更加开放的教学理念，高校英语教学慕课建设的目标应该是在互联网信息技术的支持下，利用灵活、创新、现代化和数字化的教学方法，激发学生对英语学习的兴趣，并改变他们对传统英语学习单调乏味的认知偏见。

为了实现这一目标，英语教师在设计和开发课程之前需要具备扎实的英语专业知识和技能，同时还要具备搜集和整理在线课程资料的能力。在收集完相关教学资料后，英语教师应参考专家和学者的建议，进一步明确慕课建设的目标和整体框架。这样可以确保慕课建设的目标与高校英语教学的总体目标保持一致，同时确保慕课建设目标中涉及的教学内容覆盖了高校英语教学目标中的相关知识点，从而确保课程开发和设计的有效性和全面性。

为了增强高校英语慕课建设的针对性和实用性，高校英语教学工作者还需要根据教育教学改革发展的要求，结合学生的学习特点，不断维护和更新慕课的教学内容。这将有助于构建一个动态化的慕课体系，实现慕课内容的动态化、交互动态化和时空动态化，从而提高高校英语在线课程的整体水平和质量。

总的来说，在设计高校英语慕课教学模式时，关键在于明确慕课建设目标，确保课程建设沿着正确的方向发展。此外，教师在设计和开发课程过程中需要具备专业的英语知识和技能，同时关注学生的学习特点，不断更新和完善课程内容，以实现慕课教学的动态化和个性化，进而提高高校英语在线课程的整体水平和质量。

（二）丰富课程教学内容

在构建高校英语慕课教育模式时，教学内容应表现出多样性和丰富性。这意味着课程内容设计既要反映专业性和细致度，还需注意课程时长的把控。除了挑选与日常生活紧密相连、能激发学生兴趣的主题作为教学内容外，英语教师还应引入与课程主题相关的动画、视频等资源，为学生创造一个良好的在线英语学习氛围。例如，教师可以收集一些优秀教授的讲座视频和英文纪录片、动画片、影视剧等，让学生在轻松愉快的学习环境中体验英语知识的传授，加深对学习内容的印象和理解。

当然，英语教师需要确保所选视频资料的播放时长在 5 到 15 分钟之间。因为过长的视频涵盖的知识较多，会增加学生消化理解这些知识的压力，从而影响教学效果。另外，英语教师还应有意识地融入一些语言文化知识。学习英语不仅是为了掌握一种语言的使用技巧，更是为了了解语言背后的思维方式、精神内涵、文化习惯等，进一步理解相关国家和民族的价值观和行为准则，消除文化偏见，尊重多样性的民族文化，培养学生的文化意识，提高他们的跨文化交际能力。

（三）健全评价反馈体系

高校英语慕课教学模式的评估与反馈是评价英语教学效果、衡量教学质量、验证教学目标实现程度的关键。它对教师进行课程设计具有指导意义，同时对于提高学生的学习积极性和主动性也起到了促进作用。英语慕课的评估通常在线上进行，具体包括四种在线评估方式：单元测试、期末考试、视频学习效果评估和在线讨论互动表现评估。其中，单元测试和视频学习效果评估占总分的一半，期末考试和线上讨论互动表现评估占另一半。总成绩以百分制计算，教师需根据各部分的实际学习情况给出科学合理的评价。

此外，英语教师可利用在线云平台发布慕课作业，学生通过计算机或移动设备下载作业内容，完成后将作业上传至云平台，供教师批改与反馈。这种创新、现代化的作业布置和完成方式不仅提升了学生学习英语的兴趣，还激发了他们的想象力和创造力，提高了英语在线课程的效率。此外，英语教师还能通过在线平台监控、记录学生的学习时段、方式、遇到的问题、状态以及频率等具体情况，以便及时关注学生的学习生活，帮助解决学习中的困难并提供专业指导，从而实现个性化和差异化教学。

四、慕课教学模式的应用

（一）加强慕课基础设施建设

实施高校英语慕课教学模式依赖于完备的网络基础设施，这些基础设施包括硬件设备和网络环境，它们可以确保各门类慕课实施的流畅与完整。因此，各高校应着重强化本校各专业的慕课基础设施建设，具体措施包括建立和改进网络实验室与多媒体教室、配置数据库服务器与网站服务器，以及积极开发和构建网络教学支持系统、教务信息管理系统和其他教学服务系统。

同时，要考虑到慕课实施过程中因同一时间段访问人数增多可能导致的系统运行缓慢甚至崩溃的问题。为防止这类情况发生，高校网络教学管理人员应对在线系统进行实时监测、维护以及定期升级和更新，确保整个平台系统在运行过程中保持稳定。另外，还需通过在线反馈渠道收集整理师生在使用平台系统过程中遇到的各类问题，并及时回应和解决，将问题分类整理成注意事项，供师生自主查询。

（二）加大教师培训力度和学生监督力度

为了深入推进互联网信息技术与高校英语教育整合的教学改革，推动高校英语教学在线课程，尤其是慕课的发展与普及，培养具备慕课设计与实施专业能力的人才，高校应当定期为英语教学工作者组织关于慕课的设计、实施、管理和评价等方面的培训。这将激发英语教师运用互联网信息技术创新教学模式和方法的潜力，提升他们在信息化时代的慕课教学能力。

在提高自身慕课教学能力的过程中，英语教师还需引导学生积极投身于慕课学习，激发他们通过慕课学习英语的兴趣，提高学习效率。教师应帮助学生从被动接受的学习方式转变为主动参与的学习方式，从而真正提高学生的英语水平和应用能力。

为实现这一目标，教师可以采取多种策略，如设计有趣、互动性强的课程内容，鼓励学生在慕课平台上与其他学生互动交流，分享学习经验。同时，教师应关注学生的个性化需求，为他们提供针对性的学习建议和指导，帮助他们在慕课学习中克服困难。此外，教师还应定期评估学生的学习进度和成果，为学生提供及时有效的反馈，使他们不断调整学习策略，提高英语学习的成效。通过这些努力，可以使学生在慕课环境中更有效地学习英语，从而提高他们的英语水平和应用能力。

第二节 微课教学模式

一、微课教学模式的定义

微课教学模式是一种以微学习理论为指导，通过分解教学目标、内容和过程，突出教学重难点，建构微型化学习资源，以支撑微型学习的一种课程教学模式。微课教学模式的主要教学方式是移动教学或在线教学，与常规课程相比，微课教学模式也具有完整的知识结构体系、教学设计、教学活动、教学评价等环节的设置，只是课程目标简洁、课程内容偏少、学习持续时间较短、学习实际较为灵活。[1]

微课教学模式的关键在于"微"，其研究方向集中在对细节问题的关注上。通常，这种课程的主题非常明确，直接针对问题核心，焦点鲜明且简洁。一个主题对应一个问题，一个问题对应一节课。在构建课程内容结构时，教育者需要将教学内容进行碎片化、情境化和可视化处理，使之能成为学生在智能手机、平板电脑等便携式设备上的重要学习资源。

对学生而言，微课教学模式提供了一种"自选式"的学习机会。微课的目标是协助学生理解特定学科的核心概念和关键观点，掌握该学科的学习方法和应用技巧。这使得学生能够在短时间内集中精力学习某一主题，系统地、完整地，在特定时间段内完成该主题课程的学习。

二、微课教学模式的内涵

（一）微课的主要特点

如图 6-2 所示，微课的主要特点集中体现在以下七个方面。

---

[1] 王磊．互联网＋背景下高校英语有效教学研究 [M]．长春：吉林人民出版社，2019：140．

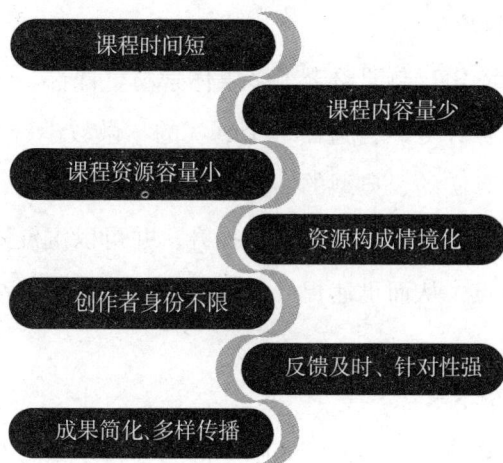

图 6-2　微课教学模式的主要特点

1. 课程时间短

教学视频是微课的核心组成部分。根据高校学生的认知特征和学习心理，微课的时长一般设置在 5 到 15 分钟，最长不超过 15 分钟。对比传统的每节课 45 或 50 分钟的教学课例来说，这样的时间是比较短暂的。

2. 课程内容量少

相比较于信息量大且宽泛的传统课堂，微课研究的问题集中，主题突出：课堂教学中某个学科知识点（如学科重点、难点和疑点内容）或是某一主题的教学活动是微课的主要课程内容，因此相对于一节传统课程来说，微课的内容更加精简。

3. 课程资源容量小

从微课视频及配套辅助资源的总容量上来说，一般所有资源的容量加起来也不过几十兆，且视频格式必须是支持网络在线播放的主流媒体格式，只有这样教师和学生才能流畅地在线观摩课例，查看教案、课件等辅助资源，也可以比较方便地下载、保存或转发视频。

4. 资源构成情境化

资源构成情境化，微课整合了多媒体素材、课件、学生评价、教师反思和学科专家点评等，营造出一个真实的"微教学资源环境"。广大师生受益于这种真实的、典型的、案例化的教与学情境，进而可以实现隐性知识等高层次思维能力的培养和提升，并可以沉浸式体验不同教学技能和风格的特点，从而迅速提升教师的教学水平，提高学生的专业知识水平。[①]

5. 创作者身份不限

微课的内容必须与教学大纲和学生的实际需求紧密相连，传达学科知识和技能，并帮助学生更好地理解和应用所学知识。因此，微课的内容应该基于教师的专业知识和经验，选择并整合所需的教学资源和教学工具，为学生提供有效的学习体验。同时，教师应该注重微课的质量，包括内容的准确性、易懂性、连贯性和吸引力。

虽然微课的制作不是为了验证任何理论或方法，但在制作微课的过程中，教师可以通过反思和探索不同的教学方法和技术，不断提升自己的教学水平和技能，实现教学效果的不断提升。

6. 反馈及时、针对性强

微课确实可以让教师在短时间内集中开展"没有学生"的上课活动，这为教师提供了更多的教学时间和灵活性。此外，微课视频还具有即时发表评论的功能，这使得教师可以及时获得观看视频者对自己教学行为的评价和反馈信息。教师可以根据观看者的反馈，及时调整自己的教学方法和内容，提高教学效果。

微课的首要服务对象是学生，因为微课是为了传递教学知识和技能，提高学生的学习效果。其次是教师，因为微课可以帮助教师提高教学效

---

① 黄强. 微课制作与创新教育 [M]. 哈尔滨：哈尔滨出版社，2020：5-8.

率和质量，减轻教师的教学负担。最后是学生家长和其他市民，他们可以通过观看微课视频，了解教育教学的最新进展和趋势，提高自己的教育水平和素养。

对于学校教师来说，制作微课要从学生认知的角度出发，注重针对学生的教育教学需求，而不是从教师的角度去思考和制作微课。教师需要充分考虑学生的认知特点、学习兴趣和学科知识结构，结合自己的教学经验和专业知识，制作出贴近学生实际需求的微课视频。同时，教师还应该注重微课的多样性和创新性，采用不同的教学方式和技术，激发学生的学习兴趣和创造力。

7. 成果简化、多样传播

微课的研究内容通常比较具体和突出，因为微课的制作通常需要根据学科知识和教学实践经验进行深入思考和探索。这使得微课的研究内容更加容易表达和传播，因为研究者可以通过清晰明了的语言和具体的案例，向教育从业者和学生等目标受众传递自己的研究成果和经验。

由于微课的总容量较小、用时较短，使得微课非常适合通过手机、网络等渠道传播。随着移动互联网的普及，人们可以通过手机随时随地观看微课视频，提高学习效率和质量。此外，微课还可以通过在线教育平台和社交媒体等渠道进行推广和宣传，吸引更多的受众关注和使用。

（二）微课的类型

如图 6-3 所示，根据微课的功能和开展方式，我们可以将微课分为以下六种类型。

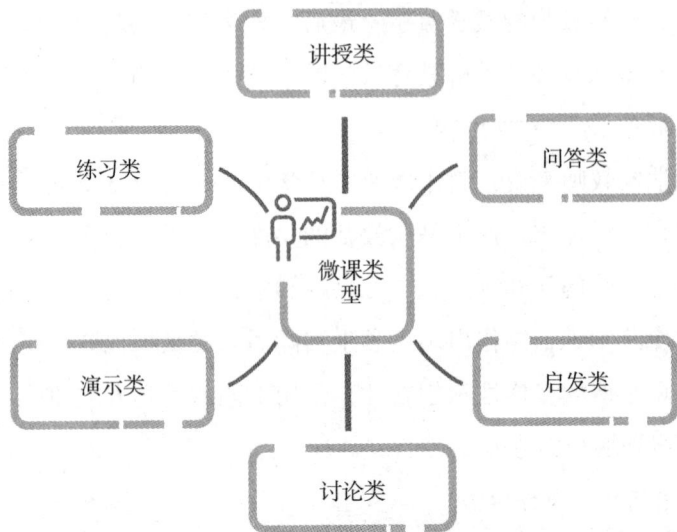

图 6-3　微课的六种类型

1.讲授类

在微课教学平台和微课教学比赛中，讲授类的微课确实是比较常见的类型。讲授类微课主要是通过教师的生动讲解和示范，向学生传授知识和技能，使得学生能够更加直观地理解和掌握所学内容。针对英语这一学科专业，讲授类微课可以涉及多个方面，如英语单词、短语的含义和用法，文章作者或重要的写作背景知识、文化知识等。

在讲授英语单词、短语的含义和用法方面，教师可以采用生动有趣的教学方法，如通过图片、视频等多媒体资源，来让学生更好地理解和记忆英语单词和短语的含义与用法。同时，教师还可以借助情境演示、角色扮演等方式，让学生在情境中运用所学知识，从而更加深刻地理解和掌握英语单词和短语的用法。

在介绍文章作者或重要的写作背景知识、文化知识方面，教师可以通过相关的图片、音频、视频等多媒体资源，让学生更加直观地了解相关知识点。同时，教师还可以引导学生进行课堂讨论，激发学生去思考和探究，帮助学生更好地理解和应用所学知识。

2. 问答类

问答类的微课是一种常见的教学类型，是一种教师根据教学设计向学生提出问题的课程类型；也有一些是教师自问自答类型的，在这种微课中，教师通常会在视频中提出一些问题，然后学生需要暂停观看教学视频，针对教师提出的问题进行短暂的思考，直到得出答案后才继续观看视频。

问答类的微课可以用于课前导入和课后练习，教师可以通过问答引导学生开展自主学习或巩固学生的知识。通过问答类的微课，教师可以激发学生的思考和探究欲望，帮助学生在短时间内更加深刻地理解和掌握所学内容，提高学生的学习效率和质量。

此外，问答类的微课也可以帮助教师了解学生的学习情况和知识掌握程度，有利于教师及时调整教学策略和方法，以提高教学效果。同时，问答类的微课也有利于学生自主学习和交流，学生可以根据自己的理解和思考，与教师和同学进行交流和讨论，促进学习和成长。

3. 启发类

启发类的微课是一种注重激发学生学习兴趣和自主学习能力的教学方式。在这种微课中，教师要根据学生的学习风格和水平，结合当前的教学目标、任务、内容等因素，创造适合学生学习的环境，调动学生学习的积极性和主动性，帮助学生独自完成学习活动。

4. 讨论类

讨论类的微课是在线教学活动中非常重要的一种课程类型。在这种微课中，教师通常会提出某一观点或主题，然后让学生在课堂上进行讨论，发表自己的看法和意见。这种教学方式有助于发展学生的思维能力和讨论能力，开拓学生的学习思路。

在讨论类微课中，教师可以通过一些引导性的问题和讨论，帮助学生更深入地思考和理解所学内容。例如，教师可以提出一些开放性的问题，让学生自由发挥，发表自己的看法和观点，从而促进学生思维和创新能力的发展。同时，讨论类微课也可以通过小组讨论或合作任务等方式，帮助学生在交流中相互学习、探究，从而提高学生的学习效率和质量。

5. 演示类

演示类微课是一种教学方法，其主要目的是通过将教学内容清晰地展示给学生，或者通过示范性实验的方式，让学生逐渐感性地理解所学知识。在这一过程中，学生可以通过观察和实践来逐步验证并接受教师所传授的知识。

6. 练习类

练习类微课的主要目的是检验和巩固学生在课堂教学中所学的知识和技能，或者巩固自主学习的成果。这是因为只有通过经常复习和反复练习，学生才能完全掌握某项知识或技能。

（三）采用微课教学模式的意义

在如今互联网技术飞速进步的时代，微课作为提高高等教育信息化水平的关键方式，在全球许多国家和地区得到了广泛传播与应用。微课的设计与实践也为现代高等教育模式的深度革新提供了借鉴方法。作为培养现代化、国际化人才的摇篮，各大高等院校应紧密跟随时代发展潮流，引领教育改革与创新。因此，高校采用微课英语教育模式具有重大现实意义。

1. 满足时代发展要求

现代信息技术的演进和运用，已在悄无声息中改变了人们的学习观念、学习方式、阅读方法等；网络技术与移动终端技术的普及使人们能迅速、方便地获得各类知识，同时知识呈现出网络特性的普及化与碎片化。

当前是一个信息化时代，也是网络时代。因为网络的诞生，微博、微信、抖音、快手等新型应用相继出现，并对人们的生活和交流方式产生了深远影响。正因如此，通过移动终端进行教学工作成为现代教育模式发展的必然趋势。在目前的学习和生活中，手机、移动网络总能轻松吸引大部分学生的兴趣与注意力，学生关注网络热门话题、人物、事件的程度远高于课本知识，这也是信息化时代学生的整体特点。

事实证明，数字化教学模式的操作简便、形式多样，更容易为信息时代的学生所接受，他们也非常愿意在这种新型教育模式下接受知识性与趣味性相结合的学科教育。因此，如果高校的教育工作者仍坚持传统教学方式而不愿改变，必然会导致教与学之间难以调和的矛盾。总之，微课教育模式是网络时代的产物，具有内容简洁、学习时间灵活的优点，符合新时代学生的学习需求。

2. 促进教学改革发展

信息化教学模式能推动教育体系的深度变革，对于高校英语教学工作同样适用。传统以教师讲授为主的教学模式，存在课程内容和讲述方式单调、师生互动较少、教师难以实时掌握学生学习状况等问题，以及由此导致的学生对课程内容缺乏兴趣、学习效果不佳等不良后果。这些问题都充分说明了传统的教学模式已无法很好地满足学生个性化、多元化、碎片化等学习需求；相反，通过公众号、微视频等新媒体形式传授英语语言文化知识和技能的教学手段在学生群体中受到了认可和欢迎。

微课教学模式的应用不仅能推动高校英语教学模式的变革，还能促进教学资源和课程内容的转型。因为在互联网信息时代，高校英语教学不仅需要对教师的教学方式和授课方法进行创新，还要关注课程内容、课程结构以及评价形式等方面的改进。微课的实施正是基于互联网信息技术高效便捷的特性，通过收集和整合优质教学资源对专业学科知识进行精细化整合，以丰富课程内容、改善学习方法为目标。综上所述，在互联网信息时代高校英语教学工作的构建过程中引入和发展微课教学模式，能满足教学方式多样化的需求，整合教学资源，推动课程内容变革。

三、微课教学模式的设计

（一）设计原则

1. 研发优质学习资源

设计高校英语微课教学模式应遵从制作优质学习资源的原则。这是因为微课教学模式旨在激发学生学习兴趣，提高学生自信心并培养自主学习能力，因此在微课资源制作时需关注优质、有助于学生成长的学习资源。优质学习资源的开发理论依据来自自我效能感理论。个体对自身完成某行为的能力的预测和判断被称为自我效能感，具有高自我效能感的学生对学习有强烈渴望，因为他们相信自己能够掌握所需知识。微课内容设计目的即为提高学生自我效能感，使其对学习充满信心。

因此，高校英语微课教学模式的资源制作应更注重质量，而非数量；挑选的学习资源既不能过于简单，也不能难度过大。若资源内容太简单，学生将觉得缺乏挑战，失去学习兴趣；若资源内容过难，学生难以理解，容易产生挫败感，不利于培养自信心。具体而言，高校英语教育工作者应根据学生需求和认知水平开发设计科学、适当的资源，关注热门话题，强调课程主题，突出语言应用能力培养。

2. 把握时间、拆分内容

设计高校英语微课教学模式应遵循合理控制教学时间、适度拆分教学内容的原则。即在微课教学时间安排上，高校英语教育工作者需在确保教学效果前提下尽量缩减微课时间，最好控制在 15 分钟以内。在教学内容设计上，应尽量将大型知识点分解，将完整知识体系划分为多个小知识点。学生学习兴趣丧失往往源于整体学习任务过于复杂庞大，令学生望而生畏、信心受损。因此，将较大较难的学习目标分解为一个个具体、易完成的简单目标，有助于引导学生在屡次成功后增强学习自信心和积极性，从而维持持久的学习热情。

3. 展现多样化特点

设计高校英语微课教学模式应遵循展现多样化特点的原则。也就是说，高校英语微课的设计应适应不同的学习形式，既可作为课件用于课堂教学，也可通过网络学习平台，满足学习者的移动学习需求。不仅适用于学习者个人计算机上的学习，还可让学习者利用手机、平板等移动设备随时随地进行学习。这样一来，高校英语微课教学模式能够为学生提供多样化的学习方式，激发他们的学习兴趣和积极性，从而提高英语学习效果。

（二）设计注意事项

设计高校英语微课教学模式除了应遵循上述原则外，还应关注以下三个方面。

1. 确保学习内容的传达

微课主要用于辅助学生自主学习，因此英语微课教学模式的内容设计应特别关注逻辑性、科学性和完整性。同时，要考虑学习者的认知水平和语言认知规律，确保实际操作功能的设置，使学习者在无教师指导下仍可自主学习。

2. 具备完整教学环节和学习流程

当微课教学模式涉及专业知识相关的其他领域时，需要设计完整的教学环节，并结合学生学习过程安排活动步骤，遵循学习习惯和学习逻辑，实现教师教学与学生自学的有效衔接。例如，在肢体语言微课设计中，教师应讲授基本理论知识，设计由易到难、由浅入深、环环相扣的问题引导学生思考。例如：何谓肢体语言？肢体语言有哪些类型？不同民族相同肢体语言表达意义是否一致？不同肢体语言是否能表达相同含义？通过这种方式，指导学生逐步掌握肢体语言的相关概念、文化特征，并结合微课实例主动研究肢体语言在跨文化交际中的应用。

3. 实现学习者与微课的互动

微课教学模式需为学习者提供便利的课程讨论、自主学习和实时反馈等项目选择。英语微课教学模式同样如此，课程开发者应设计与课程内容相应的练习活动。例如：信函写作微课可设计在线讨论，回答学生问题；鼓励学生展示写作成果并介绍思路；适当添加练习测试以练习写作技巧；组织学生进行辩论等。

四、微课教学模式的应用

（一）课堂教学辅助

高校英语微课可作为英语教师进行课堂教学的辅助工具。具体操作如下：英语教师在课程设计过程中，对传统课堂教学难以直接展示的内容进行系统整合，进而制作成方便学生观看、理解的微课视频资料，确保学生的听、说、读、写、译等综合语言能力得到提高。微课视频资料小巧、易于复制与传播，有助于优质教育资源平衡分布。在英语教学过程中，教师需根据对相关知识内容的理解编辑、调整视频内容，以不断更新完善微课内容，确保教学内容具有实用性和创新性。在此过程中，英语教师的专业能力和教学能力都得到了提升。

（二）预习与复习辅助

微课教学可用于英语教学预习和复习阶段，以体现课程教学内容的启发性和总结性特点。鉴于高校英语课时安排相对有限，学生学习任务繁重，时间紧张，因此需针对学生课前预习和课后复习习惯开发目标明确的辅助微课。课堂教学活动前，教师通过微课方式向学生发送与教学内容相关的预习资料，确保学生对即将学习的知识有全面认识。课堂教学活动后，教师就课堂上学生难以理解或感兴趣的问题制作并发送微课，使学生保持学习热情，提高预习和复习效率。

第三节　混合学习教学模式

一、混合学习模式的概念

混合学习是当今教育领域的热门话题，不同学者对"混合"一词有不同的理解。部分学者将其视为由多种学习理论和教学理论（如认知主义、建构主义、行为主义）指导的学习模式；而另一些学者则认为混合学习融合了"教师为中心"与"学生为中心"两种教学模式；还有学者主张混合学习应结合面授学习与在线学习模式，这与将混合学习定义为多种数字媒体结合的学习模式相似；此外，有学者认为混合学习是面授、自主与合作学习模式的整合。

外国学者辛格（Harvi Singht）和瑞德（Chris Reed）对混合学习的定义如下：混合学习侧重于选取适当的教育技术，以匹配学习者的学习风格，并在合适的时候向合适的人传授合适的知识技能。

中国学者何克抗的观点是，混合学习即在引导学习者进行学习活动时，结合传统学习与网络学习方式的优点，帮助学习者掌握相关知识技能；在发挥教师主导作用的同时，体现学生作为学习主体的主动性和创造性；仅通过将两者力量结合，才能达到最佳学习效果。

本书在当今互联网教育迅猛发展的背景下，将混合学习定义为，在学校教育、教育机构培训或社会教育培训项目中，根据教育培训目标、学习者需求、教学资源类型和教学活动设计，融合传统学习、数字化学习和在线学习形成的综合学习方式。目前实际应用中，混合学习模式通常将面授学习与在线学习相结合，以实现轻松高效地学习，提高学习者的学习效果。另外，在纯在线学习模式中加入面授环节，可弥补在线学习监督管理方面的不足。因此，结合在线学习和面授学习的混合学习模式一经推出，便迅速吸引了学习理论、教育理论和教学实践领域的广泛关注。

二、混合学习模式的优势

混合学习模式的实际形态并非一成不变，教学活动执行者需依据学习者的特点、需求以及外部教学环境来调整学习模式。这不仅有助于充分发挥各种学习方式的综合优势，还为教师参照多样化模式进行教学设计和实施提供了创新契机。具体而言，混合学习模式的优点可从以下五个方面展现（图6-4）。

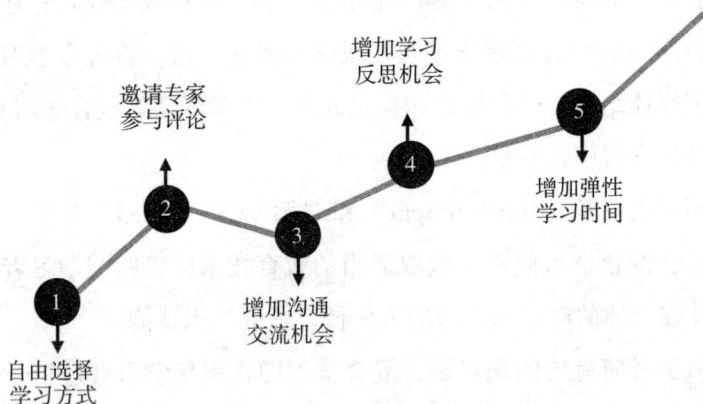

图 6-4　混合学习的优势

（一）自由选择学习方式

在混合学习模式下，学习者具有灵活的学习选择，可以自由组合不同的学习方式以满足个人的学习需求和目标。举例来说，学习者可以先接受面授教学获得基础知识，然后利用在线学习系统进行练习、复习和测试；或者选择先通过自学视频了解知识点，再通过课堂学习与其他学生或专业课教师讨论，提升理解和应用能力。混合学习的最大优点是学习者可以根据自己的需要和规划选择适合自己的学习方式，甚至在没有教师的情况下自主观看在线教学视频，利用暂停、重放和放大等功能进行反复观摩和学习。

（二）邀请专家参与评论

混合式学习课程的另一个重要优点是利用互联网信息技术获取高质量的外部教学资源，甚至邀请相关领域的专家参与专业知识的授课和答疑。这些专家在自己的研究领域拥有更高水平的知识，比起任课教师更具有专业性和深度，能够给学生带来更多专业方面的启发和提高。

（三）增加沟通交流机会

在混合式学习模式中，学习者能够通过不同的渠道与教师、同学进行更多的沟通和交流。除了传统的面对面课堂交流外，学习者还可以在网络论坛、课程聊天室等平台上发帖留言，参加在线讨论，这比单纯地在线学习和单一的面对面教学都更具有优势。在纯在线学习中，由于长时间处于虚拟环境中，学习者可能会感到孤独；在纯面对面学习中，由于时间限制，学习者很难有充足的时间交流学习经验和感受。而混合学习模式则能够弥补这些不足之处。

此外，混合式学习的发展也在一定程度上使教育资源的分配更加公平，促进了高等教育的全球化和国际化。学习者通过互联网可以获取各种类型的学习资源，与来自其他国家、地区的学习者进行交流，分享学习经验并开展互动，这有利于推动教育资源的共享和普及。

（四）增加学习反思机会

混合学习模式将所有的学习机会都交给了学习者，让学习者更自主、更灵活地进行学习，进一步增强了学习者的学习主动性。学习者不再是被动地接受教育，而是可以根据自己的学习需要和兴趣主动参与学习和讨论。这种自主学习和协作学习的方式，有利于学习者形成更深入的理解和更广泛的知识视野，同时也提高了学习者的反思和批判思维能力。

（五）增加弹性学习时间

混合学习模式特别适合那些没有时间在校接受全日制教育的学习者。

这部分学习者可以根据自己的时间安排，在空闲时间进行学习。通过网络和各种移动终端设备，他们可以在家中或者其他地方进行学习，这大大增加了他们的弹性学习时间和学习机会。

相对于传统的教育模式，混合学习模式更加灵活和自由。学习者可以在自己的节奏和时间安排下进行学习，同时也可以利用网络平台与教师和其他学生进行交流和互动。对于那些不能参加全日制课程的学习者来说，混合学习模式提供了更多的选择和机会，让他们能够更好地平衡学习和其他生活需求。

三、混合学习教学模式的构建

互联网信息技术和多媒体技术广泛应用在高校英语教学中，推动了以教师为主导、学生为主体的混合学习教学模式的搭建。混合学习模式对英语教师的教学能力和教学技术提出了新的要求。英语教师不仅需要灵活运用以教为主的教学策略和以学为主的学习方式，还需要搜集、整理各种可以用于混合学习模式的教学资源，并设计混合式教学方法。

基于网络交互式教学平台构建的混合学习教学模式，包含了课前、课中、课后三个教学阶段。课前阶段包括观看微课视频和参与线上交流讨论两部分；课中阶段包括上机自主学习和课堂面授教学两个部分，其中自主学习模块又包括语音识别、人机互动、仿真场景、学习评价、交流平台五个组成部分，面授教学模块则由小组活动、成果汇报、课程总结和评价反馈四个部分组成；课后阶段则包括完成作业、素质拓展和交流讨论三个部分，旨在帮助学生巩固和复习所学内容。

在混合学习教学模式下，教师的角色发生了转变。他们不再是传统意义上的只是讲述者和灌输者，而是学生学习过程中的帮助者和支持者。教师需要在课前和课后的准备及评价工作中投入更多的精力，而学生则成为整个学习过程中的主体。相比传统教学模式，混合学习教学模式注重学生学习状态，更加关注学生的学习体验和需求，为学生提供更多的自主学习和交流机会。

四、混合学习教学模式的设计与应用

在高校英语教学活动中，混合学习课程的设计与应用可以分为三个阶段，即课前阶段、课中阶段和课后阶段。

（一）课前设计与应用

混合学习课程的课前设计与应用需要英语教师运用微课设计软件为自己的课程设计一个在线课程，根据英语教学大纲和教学目标的要求归纳教学知识点并创建相应的教学知识页面，将各种自主创设的教学内容上传至教学资源库中，并在各章节的页面中编辑好需要学生自主预习的内容。同时，英语教师还需要制定课程的学习计划，包括学生自主学习和参与面授教学活动的计划，并在课程论坛或聊天群中发布学生开展课前讨论的问题。此外，教师还需要通过设计在线考试检查学生的预习情况和知识掌握情况，并据此为全班学生创建分组并设置小组任务。

在完成以上工作之后，教师可以利用网络交互式教学平台的消息功能向学生发布课程预习通知，引导他们在课前浏览自主学习的内容，查阅相关资料，为下一堂课的参与做好准备。在混合学习课程中，教师不仅可以通过平台的学习记录对学生的学习情况进行检查和跟踪，还可以通过多种网络手段加以提醒和监督，保证学生的预习效果和参与度。

混合学习课程的课前设计与应用不仅可以提高学生的学习效果，而且能够更好地激发学生的学习兴趣和自主学习能力。相比传统课堂教学模式，混合学习模式下，教师能够更加有效地管理和指导学生的学习过程，而学生也能够更加自主地掌握学习节奏和方式，促进了学生的主体性发展。

（二）课中设计与应用

网络交互式教学平台记录学生的学习情况为教师提供了有价值的数据，教师可以根据这些数据设计更加个性化和有针对性的课堂教学方案。例如，在小组活动中，教师可以根据学生的学习成绩和学习状态对学生进行分组，以便学生与同等能力水平的同学进行合作学习。此外，在人机互动和仿真场景的自主学习过程中，教师可以结合学生的兴趣爱好和实际生活经验，设计更加符合学生背景和需求的学习内容，从而提高学生的学习动机和学习效果。通过这些个性化的教学设计，教师可以更好地满足不同学生的学习需求，提高教学效果。

（三）课后设计与应用

课程学习的课后部分可分为机房独立学习和课堂指导练习两个方面，英语教师应针对这两方面的内容进行设计，主要依托现有的网络信息技术以及学校搭建的在线学习平台。例如，部分高校的网络学习系统中设有自带题库，教师可以用这些资源给学生安排课后任务，学生可选择在校园机房、个人电脑或手机上完成指定题库任务，并根据个人情况有针对性地选择自己感兴趣或未完全掌握的模块进行练习。许多高校由于条件限制，尚未实现全校范围内的无线网络覆盖，因此在线学习系统为学生提供了离线学习方式，将需要学习的内容下载到手机或其他移动设备上后，学生可以在有无网络的情况下进行学习，等网络连接后刷新一下，学习时间将自动记录在学生的学习档案里。

另外，教师可借助网络互动教学平台布置学习任务或相关作业，除了系统内置题库外，还可以包括教师独立设计的写作和口语等任务，学生完成后通过系统提交给教师批改。如有一种学生进行角色分配口语练习的任务形式，要求学生在特定时间内提交以两人为一组的视频和音频对话作业。教师可通过系统实时查看学生完成作业的进度，了解学生学习的情况、班级平均学习时长、完成相关学习任务的人数、未完成学习任务的人数以及表现优秀学生的详细信息等。

鉴于学生英语学习基础水平的差异，英语教师可以为此类学生设定特定的学习要求，要求达到单独设定的分数线。此外，有实验需求的教师还可以利用微信、QQ、百度贴吧、微博等普及较广的手机软件获取学生反馈信息并与学生实时交流。课程内容设计选自真实的情境对话，教师需引导学生观察生活中遇到的相同话题，用中英文表达存在的差异，激发学生思考，鼓励学生通过社交媒体等渠道分享，从而深入理解英汉语言文化的异同。

此外，学校的多媒体硬件设施和在线学习系统并非唯一能帮助学生在课后进行学习的途径。社会上还有许多专业人士开发了许多有趣的英语学习APP，如"英语趣配音"是一款通过模仿配音练习学习者英语口语的应用程序。这款软件的运作模式是，收集大量地道的英语视频资源，用户首先能观看到丰富的英语表达和精彩的故事情节；但该软件不仅仅是整合这些视频资料，而是将原视频内容逐句切割成英语片段；用户便可根据自身需求和特长逐字逐句进行模仿练习；最后，软件会将用户的配音与原视频片段进行技术合成，形成一个完整的配音片段；学习者可将自己配音的影视剧发布到微博、朋友圈等，若配音得当，还可收获众多粉丝。

除此之外，学生还可以利用网络资源和其他英语学习工具进行课后自主学习。如TED演讲、BBC纪录片、VOA慢速英语等都是丰富的英语学习资源，可以帮助学生提高听力和阅读能力。学生也可参加在线英语角，与来自世界各地的英语学习者进行实时交流，提高口语水平。

此外，学生可以通过参加英语学习小组或加入英语俱乐部，与志同道合的同学一起学习、交流和分享英语学习经验。这样的学习环境有利于提高学生的英语学习积极性，鼓励他们在课后积极参与英语学习活动。

课后英语学习的方式多种多样，教师和学生都可以根据自身需求和兴趣选择合适的方法进行学习。通过多样化的课后学习途径，学生能够在不同层次和方面提高英语水平，更好地适应英语学习的要求。英语教师在设计课后学习活动时应考虑学生的兴趣和需求，设计丰富、有趣且富有挑战性的学习任务，激发学生的学习热情，帮助他们取得更好的学习成果。

第四节　大数据视域下英语课堂教学模式的创新

一、英语课堂教学模式的创新——交互式网络教学平台的应用

随着现代网络通信技术的迅速发展，包括互联网、5G 在内的各种技术的普及，以及英语学习应用程序、QQ、微信等的出现，以及各种英语学习平台的兴起，为高校提供了强大的移动教学基础和保障。现在，高校的学生，尤其是 00 后，成了各种智能手机的主要用户，他们更愿意接受新事物。尽管手机和网络为他们带来了娱乐体验，但基于智能手机和平板电脑的英语学习仍然对他们来说相对陌生。

北京某学院在 2014 年 10 月对英语专业学生进行了文华在线英语平台的小规模试用，然后在 2015 年 3 月开始利用文华在线的"网络交互式教学云平台"和全数字化英语教材探索新的教学模式。2014 年 3 月，这个平台经过教育部教育管理信息中心组织的专家评审，被认为"设计理念先进、功能全面，符合我国高等院校教育信息化的实际需求"，适用于教学型院校发布微课和慕课资源，对提高学校教学信息化水平具有重要价值。该平台覆盖了"教、学、做、考、评"等多个教学环节，符合教育主管部门关于教学质量工程和教学信息化的相关规定。该平台有助于院校建立学科教学基本状态的数据库，实现教学质量常态化监控，推进教学量化考核、优质资源共享和教师专业发展。因此，在推动高等院

校实施"高等学校教学质量与教学改革工程"的相关建设工作方面具有一定作用。在该平台上，通常有至少三种角色：学生、教师、管理员。学生可以在平台上进行各种自主学习活动，如作业、考试等。

　　如表6-1所示，交互式网络教学的基本功能可以为大数据视域下英语课堂教学模式的创新提供多方面的支持。

表6-1　交互式网络教学的基本功能

模块	说明	工具
个人首页	学生和教师登录以后，进入个人首页，这里显示了个人课程和班级的动态信息	学生可查看近期学习课程，通过"继续学习"打开课程学习界面，从上一次退出处开始学习；教师同样可以查看自己的班级和课程，并通过"进度成绩"快速查看学生的学习进度，也可以在"班级管理"中查看学生名单和在线状态，审批学生的加班申请
课程学习	学生可以浏览在线课程	浏览课程中的图文内容，观看视频，完成交互练习，参与课程中的讨论；查看学习进度与成绩、常见问题
进度成绩	教师查看班级学生的学习进度和成绩	查看学习进度，成绩策略，汇总成绩，查看和导出学生的行为记录
班级管理	教师可以管理班级与学生	创建新班级，修改班级属性，查看学生名单及在线状态，管理学生分组，批准学生加班申请等
教学计划	教师可以编辑课程内容，设置自主学习和面授教学计划	添加章节、页面，编辑页面内容，添加作业，考试调整章页和页面顺序，隐藏章节设置自主学习计划，设置面授计划
作业管理	教师可以给学生布置和批阅作业	布置作业，查看和批阅学生作业，共享优秀作业等
考试管理	教师可以安排考试	添加个人试题和试卷，查看共享试题和试卷，安排考试，查看和批阅学生试卷，查看考试成绩分析报告，导出考试成绩等
资源管理	教师可以上传和管理教学资源	上传资源，包括图片、视频、音频、文档等；查看共享资源等

二、交互式网络教学平台的优势

交互式网络教学平台不仅提供教学管理和英语课程的辅助教学功能，还在选材上兼顾满足学生在校内外的计算机端学习需求，提供多种数字化英语教材。它为学生呈现各种真实的国外生活、工作场景以及角色扮演场景，让学生能够在各种模拟实际的环境中应用英语，相较于传统的纸质教材，带来全新的学习和教学体验。由于高校学生对手机的依赖程度较高，他们可随身携带手机，因此就可利用这一特点让学生用手机进行学习。

交互式网络教学在线学习平台在计算机和手机端均可使用，平台还具备众多实用功能，如了解学生进度和成绩，查看学生学习记录及相关分数，安排和审阅口语作业，记录考勤并查看班级动态，离线学习，上传口语作业，以及利用题库进行训练等。学生可以利用零散时间学习零碎知识，这更契合当前年轻人的生活方式和学习特点。

三、交互式网络教学平台构建新课堂教学模式

交互式网络教学平台不仅适用于教师发布与展示微课和慕课资源，还能为实施微课或慕课的混合式学习提供丰富的师生互动支持，基本满足当前高校英语教学需求。首先，教师需要运用微课设计软件以及该平台的使用方法，为学生建立一个在线课程，然后根据交互式英语教学大纲创建教学章节和页面，并上传各种原创教学内容至资源库，最后编辑各章节页面的自主学习内容。此外，教师还需制订课程学习计划，包括自学和面授课堂计划，在课程论坛发布供学生课后在线讨论的问题，设计用于检测学生知识掌握状况的在线考试，为全班学生创建分组并布置小组任务。接着，教师可通过该平台的消息功能向学生发布课程预习通知，让他们提前浏览自主学习内容，以便为下堂课做好准备。但是，学

生查看时间不宜过早，以免因了解下堂课内容而产生旷课现象。完成以上工作后，混合式学习第一阶段的任务便完成了。

在课前，教师通过交互式网络教学平台与学生在线进行沟通和交流，使学生对接下来的教学内容有所了解和准备。如古语所说："预则立，不预则废"，学生是否预习对课堂教学效果产生很大影响。然而，在传统教学模式下，尽管教师可以要求学生预习，但很难对学生的行为进行干预。相反，在混合教学模式下，不仅可以通过平台学习记录对学生的学习情况进行检查和跟踪，还可以通过多种网络工具提醒和督促。课堂面授时，根据平台记录的信息向学生反馈，并按照教师自身的教学习惯设计、组织和实施课堂教学。

交互式网络教学平台能为各班级学生创建分组，便于学生进行协作学习。这种在线小组学习方式对培养学生协作能力大有裨益，同时也可以提高教师教学管理效率。交互式微课还可以作为学生课后自学的重要工具，提供一种互动性强的在线学习方式。在要求学生课后进行在线讨论、考试和小组学习之后，教师也需要进行一些教学管理工作，如利用交互式网络教学平台中的进度和成绩来了解学生的各种在线学习活动情况，具体内容包括学习进度、学习分析和成绩汇总。此外，教师还需要定期登录平台，回答学生在论坛中提出的问题，批改学生或小组提交的作业，并给出相应的成绩和修改意见，系统会自动反馈给每位学生。

至此，基于移动平台的翻转课堂教学、线上交互式数字课程学习、线下模拟场景实践、过程性与终结性评价结合的四位一体混合式教学模式已基本形成。通过这种模式，学生能够更好地在课前做好准备，课堂教学效果得到显著提升，同时教师也能更高效地进行教学管理。利用交互式网络教学平台，我们可以构建一个互动性更强、更高效的高校英语教学环境，培养学生的实际应用能力和协作能力，进一步提高教育质量。

第七章　高校英语课堂教学设计
——教学评价设计

第一节　英语课堂教学评价内涵解析

一、教学评价的定义

为了掌握教学评价的定义，我们首先要明确"评价"这个词的含义。泰勒（Tyler）是第一个提出"评价"概念的人。关于评价的定义，各个专家的观点不尽相同。不过，自从评价这一概念被提出以来，学者就开始区分评价和测试的差别。在众多学者看来，评价是人类认知活动中的一个特殊组成部分，可以揭示世界观，并对其进行创新和建设。

将评价的理念应用到教学领域便形成了教学评价。关于教学评价，不同学者的观点不同，但总体而言，可概括为以下四种。值得注意的是，这四种观点都有一定的局限性和不足。

第一，教学评价是一种系统性的信息搜集过程，旨在协助用户恰当地选择适宜的教学方式。

这个观点的优点在于强调了教学评价在决策方面的重要作用，但同时也可能导致人们误以为教学评价与教学研究的概念相同。实际上，它们之间有显著的区别，主要体现在研究目的和价值导向上。从研究目的来看，教学研究关注结论的获得，而教学评价则关注实践的指导；从价值导向来看，教学研究旨在探寻真实知识，而教学评价追求实用价值。

第二，教学评价是将实际成果与理想目标进行对比的过程。

把教学评价当作一种现实成果与期望目标进行比较的过程，强调评价内容和方法在实际与预期之间的比较，具有一定的合理性。然而，这一观点过分关注教学成果的评价而忽视了教学过程的重要性。因此，这种评价观念相对宽泛，使评价者难以明确评价内容的优先次序，因而并不是理想的教学评价定义。

第三，教学评价相当于专业性的判断。

将教学评价视为专业判断的观点考虑到了评价者主观性的影响，认为教学评价的目的在于区分优劣。然而，这一观点也存在一定的偏颇，因为教学评价不仅关注优劣的判断，还努力寻找影响教学实践开展的各种要素，以便为教学实践提供指导。

第四，教学评价等同于教学测试。

这种观点是当前学者在教学测试辅助下形成的认识。然而，教学评价与教学测试在本质上有所区别，因此将它们视为相同是错误和片面的。这主要有以下两个方面的原因。

教学测试主要关注数量统计，强调量化，而对于某些无法进行数量统计的教学事实，如学习者的情感、态度等因素，就无法对其进行教学测试。这与教学评价的定义相矛盾，因为教学评价不仅关注数量分析，还涉及对事物本质的探究。

教学测试主要关注对教学现状的描述，以期获得有意义的信息，而教学评价则强调对教学情境的解释和评价。这两种观点都有一定的合理性，但也存在不足之处。为了更准确地界定教学评价，作者从这些观点中筛选出了一些合理的看法，重新对教学评价这一概念进行了定义。本书认为，教学评价是一个以教学为核心对象的过程，是从教学规律、目的和原则出发，利用有效的技术和工具来对教学对象和目标进行价值评价的一个过程。这一表述有助于我们更深入地理解教学评估的内涵和重要性。

二、教学评价的功能

（一）预测功能

预测能力意味着根据评估对象的阶段性评定，分析、观察和预测其发展趋势，获取尽可能多的数据和事实，然后筛选可用于评价的因素，并进行科学分析和逻辑推导。一般而言，传统教学评价主要关注评价对象现状的定量和表面描述，而较少关注评价对象未来发展方向和趋势的预测。然而，为了预测学生未来的发展状况并根据预测为学生的成长提供建议，我们需要充分发挥评价的预测功能，必须收集和掌握评价对象的各种相关信息。另外，还需运用科学的评估方法，如诊断性评估、综合性评估等，以实现最精确的预测效果。

（二）导向功能

1.指导教学发展与国家政策保持一致

教学评价的导向作用显著地体现在它能引领学校教育教学与国家教育政策保持一致。无论学校还是教师，都应遵循国家教育方针政策的规定来组织和实施教学活动。例如，学校需要根据国家对学生德、智、体、美、劳全面发展的要求来掌握教学与评价的内容，学校和教师必须以科学的教育理念为指导，明确办学方向。教学活动的目标不仅是传授学生知识和技能，更要培养道德品质、磨炼坚强意志、增强社会责任感，使学生成为有思想、有素质、有知识、有能力的人。

2.为教学与学习明确发展方向

教学评价结果直接关系到教师未来的教学计划和学生的学习规划。但在英语实际教学中，教学评价对教学计划与学习规划的指导作用往往未被充分重视，也未纳入评价体系。因此，有必要建立科学、全面的教学评价体系，确保教学评价充分发挥为教师和学生明确全面发展目标的作用，引导教师和学生通过实现阶段性目标最终达到整体目标。这意味着教学评价必须发挥正确的导向功能，一旦导向发生偏差，教学与学习的方向也将偏离正确轨道。

（三）诊断功能

教学评价是教学活动中不可或缺的环节，其最基本的功能是诊断教师教学效果和学生学习效果。这个过程包括对教师和学生两方面进行评价。

对于教师来说，教学评价的诊断功能是必要的，因为教师是教学活动的组织者和开展者。如果没有对教师的教学效果进行评价，就不能确定教师的教学水平和教学质量，也不能全面地判断教师所采用的教学方法和教学技巧是否合理。同时，全面的教学评价工作还可以判断教师与学生的关系是否融洽，学生对教学活动的开展是否有良好的体验。

对于学生来说，教学评价的诊断功能同样是必要的。全面的教学评价工作可以帮助判断学生的学习效果是否达到了教学目标的要求，也可以通过评价进一步分析学习效果欠佳的原因，如教学环境、教学方法、教学内容等哪方面的因素是影响学习效果的主要因素。这些评价结果可以为学生提供改进学习方式和方法的指导，从而更好地实现学习目标。

因此，教学评价的诊断功能是开展教学评价最充分的理由之一。对教师和学生进行全面的评价可以帮助教学者发现问题并改进教学方法，同时也可以帮助学生更好地学习和成长。

（四）激励功能

教学评价对于评价对象的激励功能是教学评价不可或缺的重要功能之一。评价可以激励评价对象的情感、斗志和精神，提高评价对象的积极性和主动性。具体来说，教学评价的激励功能可以从教师和学生两个方面体现出来。

1. 对教师的激励功能

对于教师来说，教学评价的激励功能主要体现在为教师的教学改革提供参考信息。教师可以通过自我评价、学生评价和其他教务人员的评价了解自己在教学过程中存在的问题和不足，进一步反思原因并解决问题。这些评价结果可以帮助教师重新思考自己的教学方法和策略，进而提高教学效果，激发教学的热情和兴趣。

此外，教学评价还可以帮助教师更好地了解学生的学习情况。教师可以通过评定量表了解学生的具体学习情况、达标情况、兴趣和能力以及学生成绩在班级中的位置。这些信息可以帮助教师有的放矢地进行个别指导，因材施教，提高教学质量。

2. 对学生的激励功能

对于学生来说，教学评价的激励功能可以帮助学生改进学习活动。教学评价能够及时全面地反映出学生在学习过程中的表现，发现自己的优势和不足，并采取措施改进学习活动。学生可以通过教师和同学的评价，以及自我评价来认识自己的学习状况，激发自己的学习动力和兴趣，更好地实现学习目标。

教学评价对于评价对象的激励功能是教学评价不可或缺的重要功能之一。通过评价结果，评价对象可以认识到自身存在的问题和不足，并采取有效的措施改进自己的学习活动，从而提高学习效果，激发学习的热情和兴趣，实现学习目标。

三、教学评价的类型

根据不同的分类标准，英语教学评价可以分为不同的类型。如按照评价功能进行分类，英语教学评价可以分为形成性评价、诊断性评价、终结性评价；按照评价标准进行分类，英语教学评价可以分为相对评价和绝对评价；按照评价表达进行分类，英语教学评价可以分为定性评价和定量评价。

（一）按照评价功能分类

1. 形成性评价

1967 年，美国评价学专家斯克里芬（Scriven）在其著作《评价方法论》中首次提出了形成性评价的概念。随后，美国教育家布卢姆（Bloom）将形成性评价应用于教育评价的实践中，使之成为教学评价的一种重要类型。布卢姆认为，形成性评价是一种系统性评价方法，用于课程编制、教学和学习的过程中。该评价方法的主要目的是帮助发现教学活动中存在的问题，并为日常教学活动提供反馈信息，以便教师及时修改问题、调整活动，从而取得更好的教学效果。

形成性评价具有一定的特点。首先，它是针对教学过程中的实际操作而设计的，通过对学生的学习情况进行监测和反馈，帮助教师及时进行调整，以提高教学效果。其次，形成性评价具有时效性，及时反馈结果有助于教师了解学生的实际学习情况，及时对学习活动进行调整和优化。最后，形成性评价是一个动态过程，它随着教学过程的不断推进而不断进行调整和改进。

形成性评价是一种有利于优化教学过程和提高教学效果的评价方法。通过及时监测和反馈学生的学习情况，教师可以及时调整和优化教学活动，使学生的学习效果更加明显。

2. 诊断性评价

诊断性评价，也称为"教学前的评价"，在教学活动开始之前，教师需要了解学生现有的知识、技能、学习动机以及学习中容易出现的问题等学习情况，以便设计出符合学生特点的教学方案。教师可以通过多种方法和途径获得这些信息，其中常用的方法之一就是诊断性评价。

诊断性评价是指在一门课程或一个学习单元开始之前，教师对学生的认知能力、情感能力和专业技能等方面的学习条件展开的评价。开展诊断性评价的目的是促进学生的学习，其方式是为学生制定适合其自身学习特点的发展目标和发展方案。

通过诊断性评价，教师可以了解每个学生的学习特点和需求，并据此制定个性化的教学方案，有针对性地进行教学。诊断性评价可以帮助教师预测学生的学习成果，指导学生学习，提高学生的学习效果。同时，诊断性评价也为学生提供了一个自我认知的机会，帮助他们了解自己的学习特点和需求，提高自我管理和学习能力。

3. 终结性评价

终结性评价也被称为"教学后评价"或"总结性评价"，是在某个相对完整的教学阶段结束后对整个教学目标实现程度进行的评价，例如学期末或学年末各个学科专业的考试、考核。以下将重点讨论终结性评价的作用、特点和实施方式。

（1）终结性评价的作用集中体现在以下四个方面。

①评定学生某一阶段的学习成绩；②判断学生掌握知识、技能的程度和现有的能力水平；③为学生某一阶段的学习提供反馈；④评估学生在今后学习过程中获得成功的可能性，确定学生开展后续学习的起点。

（2）终结性评价的特点主要体现在评价目标、测试内容和测试题目三个方面。

从评价目标角度分析，终结性评价的直接目标是对整个教程或某一重要教学阶段所取得的教学成果进行评定，最终目标是评定学生的成绩，为下一阶段学习活动的安排提供依据；从测试内容角度分析，终结性评价是为了考查学生对某一课程整体内容的掌握情况，因而测试内容比较全面，分量相对较重，评价的频率也比较低；从测试题目角度分析，终结性评价的题目几乎涵盖了学生学过的所有重点内容，是所学知识、技能、能力等多种因素的综合。

（3）终结性评价的方式。

终结性评价常采用表现性评价方式来展现评价内容，如作品、作文、研究报告、项目、论述题等。以下两种评价方式是终结性评价中常用的：

第一，项目评价。采用项目作为终结性评价的方式是因为项目的应用范围较广，可以用调查报告、模型制作、网页制作等方式评定学生的知识能力。例如，在英语口语考试中可以通过让学生用英语表演节目的方式测试学生的口语能力。由此可见，项目学习本身就是一种活动，其活动成果的展示可以作为终结性评价的一种方式。

第二，论述题评价。论述题主要用来评定学生概念、建构、组织、关联和评定观点等方面的能力。以论述题实施终结性评价时，除了采用表现性的评价方式外，也可以使用标准化的测试方法，如选择题、填空题等。这种方法的优点在于测试结果客观可比，评价结果具有较高的可信度和可靠度。同时，标准化测试还可以对大量学生进行评价，方便对学生群体的整体情况进行分析和比较。

然而，标准化测试也有其局限性，一方面，标准化测试仅能测试学生的知识掌握情况，而不能全面考查学生的能力、素质等，因此不能充分反映学生的学习情况。另一方面，标准化测试缺少对学生个性化差异的考虑，不能准确评价学生的特点和优势，对于学生的综合素质评价也较为困难。

终结性评价作为教学评价的重要环节，对于教师和学生都具有重要的意义。对于教师而言，终结性评价可以帮助他们了解学生的学习情况，及时调整教学策略，提高教学效果。对于学生而言，终结性评价可以让他们了解自己的学习成果和不足之处，进而采取相应的措施，改进学习方法和提高学习效果。因此，教学评价中的终结性评价应该被充分重视，并结合其他评价方法，共同促进教育教学的发展。

（二）按照评价标准分数

相对评价和绝对评价是教学评价中常见的两种评价方式，它们各自有其特点。

1. 相对评价

相对评价是基于被评价对象的集合，选取一个或若干个个体为基准，然后将其他评价对象与基准进行比较，确定每个评价对象在集合中所处的相对位置的评价方法。相对评价的优点在于能够体现群体之间的差异和优劣，具有一定的灵活性和可比性。但是，相对评价的缺点在于评价的基准会随着群体的差异而发生变化，不利于教学目标的引导和个体差异的反映。

2. 绝对评价

绝对评价则是在被评价对象的群体之外设定一个客观标准，根据标准来判断评价对象的优劣。这种评价方式相对较为客观，因为标准的确定不会受到被评价对象个体或集体水平的影响。绝对评价的优点在于评价标准具有客观性和通用性，能够为评价对象设定明确的学习目标。但是绝对评价的缺点在于所谓的客观标准容易受评价者原有经验和主观意愿的影响，因此很难做到真正的客观。

在教学评价中，相对评价和绝对评价各有利弊，教师需要根据具体情况选择合适的评价方式，以达到更好的评价效果。

（三）按照评价表达分类

定性评价和定量评价是教学评价中两种不同的评价方式。定性评价侧重于对评价资料进行"质"的分析，即从逻辑分析的角度出发，通过分析和综合、比较和分类、归纳和演绎等方法，对评价所获得的数据、资料进行思维加工，强调对过程和要素相互关系的动态分析。定性评价在教学评价中的应用非常广泛，特别是对于复杂的教学活动，需要对教学过程和教学成果进行深入分析和探讨时，定性评价可以提供有益的参考。

相比之下，定量评价则是从"量"的角度，通过运用统计分析、多元分析等数学方法，对教学评价中的数据进行规律性总结和归纳，旨在提示数据的特征和规律性。定量评价侧重于通过数学分析和统计方法对教学数据进行量化分析，从而更加客观、系统地揭示出教学过程和结果的规律性，更加精确地评价教学效果。

定性评价和定量评价两者互为补充，相互影响、相互促进。在教学评价过程中，定性评价和定量评价应该结合使用，不可片面强调一方而忽视另一方，而是要因情况而异，根据评价对象、评价目的和评价标准等因素选择合适的评价方式。

四、教学评价的步骤

教学评价是一个有目的、有计划的活动过程，需要按照一定的程序开展。在这一过程中，评价的指导思想的确立、评价指标体系的制定、评价技术和方法的选择以及评价的具体实施都有一些必要的程序步骤。

（一）确立评价的指导思想

教学评价是对教学成果的价值判断，而人们追求价值是开展教学活动的动力。教学评价的价值定位决定了教学评价的方向。然而，当前国内外学者对于有效教学评价的研究存在着以下三个问题：

（1）简单类比教学活动与经济学中"投入产出"的观点，即认为教学效率＝教学产出（效果）＋教学投入，这种观点是不成立的。教学效果不仅仅是立竿见影的，有些教学效果需要长时间的投入和训练，而且教学效率不仅仅取决于相同时间内所产生的教学成果。

（2）强调量化和可测性，忽略了质性评价。在实际教学中，只有结果性目标才能量化，如知识性教学的结果；但是体验目标是无法量化的，也是不应该被量化的，如学生在学习过程中的情感态度、意志培养等。

（3）注重结果的有效性而忽略过程的有效性。教学效果不仅表现在教学的最终成果上，也表现在教学的过程中。例如，学生在教学过程中的感悟和体验、学生在教学过程中的表现也是教学效果的体现。

这些问题说明当前教学评价系统重视工具理性而忽略了价值理性。科学的教学评价指导思想应该以过程价值为基础、终极价值为目标，从而促进学生的全面发展，提升学生的素质。因此，教学评价不仅应该关注结果，还应该重视过程和质性评价。同时，要根据学生的不同特点和需求，注重教学的个性化和差异化，提高教学效果和教学质量。

（二）制定评价的指标体系

教学评价指标体系是评价课堂教学的基础。构建科学、全面的教学评价指标体系可以提高课堂教学评价的有效性。教学评价的指标体系应该包括教学内容、教学资源、教学方法、教学效果等方面的内容，每个部分的设计应该具有各自的目的。在设置教学评价指标的过程中，需要依据教育方针、教学大纲的要求，结合学生的学习需求和学习特点，用不同的指标体现教学评价的内容，并确定各项指标在整个体系中的占比，形成一个有效的指标体系。此外，考虑到评价指标的灵活性和可操作性，教师还应该能够根据教学目标和教学内容的变化适当调整评价的标准。

教学评价指标体系的有效性可以从以下几个方面来衡量：

（1）指标体系是否具备效度和信度；

（2）指标体系与教学目标是否具有一致性；

（3）使用该评价方案的人员是否能够接受它；

（4）评价体系是否能够为被评价者提供明确的教学或学习指导。

需要指出的是，确定了指标体系之后，评价实施者还需要接受有关如何开展评价的培训，以便具备相关的知识和能力。只有科学合理的评价指标体系，配合专业化的评价人员，才能更好地评价课堂教学的质量，提升教学效果。

（三）选择评价技术和方法

制定评价指标体系后，选择适当的评价方法是非常重要的。可以选择定量评价、定性评价、过程性评价、终结性评价等方法进行评价。例如，定量评价和定性评价可以结合使用。教师应该认识到定量评价的科学性和合理性，但也要了解定量评价的不足之处，如过于量化的评价忽视了教育活动内在的规律性，很多教学成果无法用量化的形式展现。在一定程度上，采用定性评价的方法可以更准确、清晰地反映实际情况。

除了考试或测试，教师还可以采用其他评价方法来测定学生对教学内容的掌握情况。教师可以采用表现测验、个人档案等方法，综合评价学生的思维、技能、情感和态度等，尤其是涉及独立决策、批判性思维和世界观、价值观等方面的评价。表现测验不仅说明已发生的认知、情感和心理过程，还可以直接测量学生对教学内容的掌握情况。通过表现测验，教师可以了解学生的心理特征、学习方式和行为习惯，而且在被观察者不知情的情况下进行观察得出的结果更加准确。

（四）实施评价的四个步骤

第一，根据制定好的评价指标体系制定开展评价活动的计划。向被评价者讲授评价的目的、作用、环节、程序等信息，消除其对参与评价的疑问和抵触情绪，为评价活动的开展奠定基础。

第二，运用调查法、询问法等方法收集开展评价需要的相关信息。

第三，筛选和分析收集到的相关信息。

第四，反馈评价结论。

这可以让被评价者清晰地认识自己目前的学习行为产生的学习效果，并根据评价者的改进意见做出改变，使自己的后续行为发生特定的变化。为了提高反馈的有效性，评价者需要注意以下操作技巧：其一，要根据被评价者的具体行为，明确指出他们的优点和缺点；其二，指出被评价者可以控制的不良行为，并表示希望他们进行改善的方法；其三，使用描述性而不是评价性的语言进行反馈；其四，要采用合适的反馈途径，如面谈、书信、电话等使评价结论能够被评价者接受。

第二节 多样化的教师课堂评价形式

目前，一些高校仍然过度依赖标准化英语水平考试作为衡量英语教师教学成果和能力的唯一标准，这种做法不符合语言学习和教学的规律。基于语言学习的规律和科学的教学理念，现代信息技术可以设计出多种科学的测试方法来记录和分析学生学习效果和知识掌握情况，并对教学成果进行科学评价。因此，教育工作者可以利用多媒体和互联网信息技术为英语教学提供快速、准确的反馈信息途径，从而为英语教师的教学工作提供科学的评价标准。

一、对教学目标进行评价

随着经济全球化和信息化的发展，英语已成为一种全球性的交际语言，对于高校英语教育的发展和教学目标的评价，更应该关注学生的国际化素养和跨文化交际能力的培养。在设置教学目标时，除了注重学科知识的更新和学术发展动态，也需要着眼于学生的学习能力和认知能力的培养，同时要在课程教学中适当调节英语各项技能的培养，以更好地培养学生的跨文化意识和跨文化交际能力。

同时，教学目标的评价也需要考虑现代信息技术的应用。通过利用多媒体和互联网信息技术，为英语教学提供快速、准确的反馈信息的途径，进而为英语教师的教学工作提供科学的评价标准。此外，适当引进国际化课程、组织国际化交流活动等措施也是非常重要的，这些措施能够为学生的国际化素养和跨文化交际能力的培养创造条件。

随着英语教学目标的国际化发展，教学目标的评价需要着眼于培养学生的国际化视角和跨文化交际能力，注重学生的学习能力和认知能力的培养，以及适当调节英语各项技能的培养比例，同时也需要充分利用现代信息技术和引进国际化课程等措施，为英语教育的发展和教学目标的评价提供科学的依据。

二、对教学内容进行评价

评价英语教学内容还要考虑是否具有国际化视野和多元文化背景。随着经济全球化的发展，英语已成为国际交流和合作的重要语言，因此英语教学内容应该具有国际化视野，帮助学生了解世界各地的文化、历史和社会背景，同时也应该注重培养学生的跨文化交际能力，使学生具备与世界各地人士交流的能力。此外，英语教学内容也应该考虑到多元文化背景，尤其是在多元文化的国家和地区，教学内容应该包含多元文化元素，尊重学生的文化背景和个性差异。

评价英语教学内容还要考虑其与教学目标和教学方法的契合程度。教学内容应该与教学目标相一致，应有助于实现教学目标，同时也应该与教学方法相契合，支持教学方法的有效实施。例如，在强调学生主体参与学习的教学方法中，教学内容应该具有启发性和开放性，能够引发学生思考和探究，培养学生的学习兴趣和能力。

三、对教学环节进行评价

随着社会的发展和时代的进步，越来越多的高校开始对教师教学环节部分进行关注与评价。为了更好地完成英语教学环节的设计工作，高校英语教育教学工作者要认真研究教学大纲和课程标准，了解各个教学阶段的教学目标和教学内容，使课程教学设计满足教学开展的要求，进而保证教学目标的实现。

而要评价英语课程的教学环节关键要看教学环节的设计是否规范。首先，要看对每堂课进行设计时，英语教师是否明确了这堂课的教学目标，包括知识目标、技能目标、情感态度目标等；是否对本堂课教学内容中的重难点部分开展了科学、全面的设计，并安排好了这部分的呈现方法、练习方法，能够突出教学重点，达到良好的教学效果。在教学模式和教学方法的选择上，英语教师是否根据本堂课的教学内容和学生的认知特点、学习心理选择了最合适的方法、模式。

其次，要看英语教师是否规范了课程教学的过程设计，教学思路是否清晰明了，教学环节之间的衔接过渡是否自然；教学活动的组织、设计是否既具备一定的灵活性，又符合新课标倡导的方法规范。

再次，要看英语教师所设计的课外活动、课外作业以及相关辅导活动是否遵循一定的规范，即不能完全按照教师的喜好随意设计。

最后，要看教案的书写和作业的批改是否符合一定的规范。教案书写的规范化不仅体现为内容的规范化，还体现为形式的统一化。作业批改的规范化则主要表现为作业批改内容、形式、次数上的统一。

四、对教学模式进行评价

随着高等教育改革的深入推进，采用多层次的教学模式已经成为广大教育教学工作者的共同努力方向。因此，对英语教学模式的评价不仅要考虑教师是否以学生为中心，创建了开放的学习环境，采用了自主式、合作式等多元化的教学模式来设计英语课程，而且要考虑教师是否在认识论、本体论等语言学习理论和教育学理论的指导下开展教学活动。此外，还要看教师是否积极借鉴其他相关学科的先进设计理念，丰富本学科课程设计的理论研究和设计模式。

英语教学模式的发展不仅受到社会学、语言学、教育学、心理学等一级学科的指导，还受到教育心理学、认知心理学、跨文化交际学等跨学科理论研究内容的积极影响。通过借鉴其他学科的先进理念，英语教师能够更好地创新教学模式，使英语课程的教学更加符合学生的学习需求和认知规律。例如，教育心理学的研究内容可以帮助英语教师深入了解学生的认知特点和心理发展规律，从而更好地选择合适的教学策略；跨文化交际学的研究内容可以帮助英语教师更好地培养学生的跨文化交际能力，提高英语教学的实效性和应用性。

五、对教学手段进行评价

随着多媒体技术与计算机技术的快速发展以及互联网的普及应用，现代教育技术作为一种先进的教学手段已经被广泛应用于英语教学设计中。因此要评价英语教师的教学手段，不仅要看英语教师是否掌握了传统的教学手段，还要看广大英语教学工作者是否能够使用多媒体等现代化教学技术优化教学过程、提升教学效果，只是简单的图片、文本、动画或音视频应用已无法满足现代教学工作的目标与教学实践的需求，因此还要看英语教学工作者是否运用了图像的采集与处理技术、动画制作技术、数字视频处理技术、数字音频处理技术等现代化技术手段设计课程，是否熟练地运用了这些技术手段来呈现教学知识，把学习过程可视化，以达到更好的教学效果。

六、对教学实践能力进行评价

（一）沟通交流能力

现代的教育教学理论已经将教学视为师生之间的交流和对话过程，而非知识的单向输出和接受过程。因此，有学者提出了"教育即交流"的命题，认为教育的本质在于师生之间的沟通。在教学实践中，即使是同一堂课、相同的教学内容和相同的学生，有些教师可以游刃有余地掌握教学节奏，而有些教师却让课堂变得死气沉沉，这主要是因为教师的沟通交流能力不同，低效或无效的沟通直接影响了教师的教学效果。因此，沟通交流能力是评价英语教师教学实践能力的重要方面。

（二）教学设计能力

面对一个特定的教学任务，教师如何组织教材，如何设计教学程序，采用何种教学方法和技术来开展教学显得尤其重要。好的课堂设计可以使课堂教学跌宕起伏、妙趣横生，可以一下子紧紧抓住学生的注意力，激发学生求知的欲望。教学设计能力的高低与操作性知识的多少是密不可分的。但是操作性知识丰富并不意味着教学设计能力强。英语教师要有意识地加强有关教学设计的研讨，不同的教学设计理念、不同的教学活动的选择、不同的教学媒体的运用都会在很大程度上影响教学效果，影响学生英语能力的习得、巩固和提升。

（三）教学监控能力

一堂课能否顺利展开，能否取得预期的教学效果，不仅有赖于教师的沟通能力和教学设计能力，还与教师的课堂管理能力密切相关，按照北京师范大学心理学教授林崇德先生的说法，这种课堂管理的能力就是"教学监控能力"。林崇德先生认为，教学监控能力是教师的核心能力。在一个有几十名学生的教学班，没有很强的课堂监控能力而要实施有效的课堂教学几乎是不可能的。如何有效地推进各种教学活动，如何确保各类学生在学习过程中都在各自的起点上取得应有的进步，如何确保小组合作学习有效实施等，都需要英语教师有很强的能力去掌控。这种教学监控能力其实是一种综合能力的体现，它没有明确的章法可以遵循，运用之妙，存乎于心，但是要做到虚机应变、游刃有余确非易事。

七、对学习能力进行评价

伴随着时代的发展，教学思维与教学模式的固化都会导致教学实践停滞不前，无法为教学活动注入新鲜的血液，进而导致教学无法满足学生个人发展的需要和社会建设的需要。这种情况之于教师本身来说亦是如此，学习如逆水行舟，不进则退，教师只有不断更新自身的教学知识体系，才能不断进步，不被时代淘汰。因此评价教师的学习能力是评价教师综合工作能力的重要指标之一。要评价教师的学习能力，可以从以下五个方面出发，如图 7-1 所示。

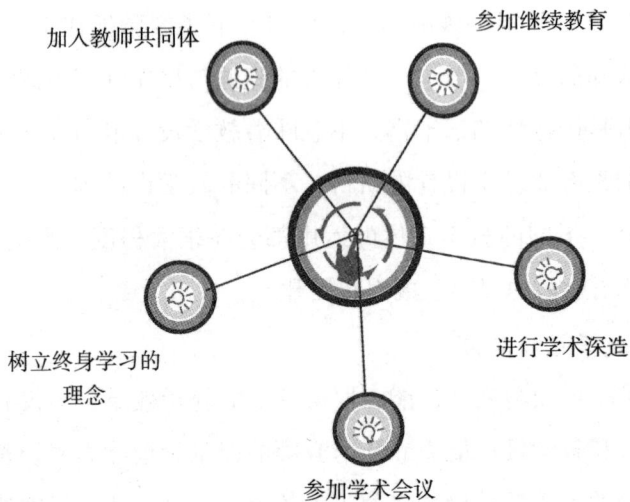

图 7-1　评价教师学习能力的标准方面

1. 看教师是否通过教师共同体进行学习与提升

（1）教师共同体的概念。教师共同体指的是为了促进教师的专业发展，教师群体本着合作、互助、共享、开放、发展的理念，以教学经验的交流与教学互助为主要内容组建而成的教师团体组织。

（2）教师共同体的作用。教师共同体的成员组成以教育者为主，成员可以通过教师共同体学习教育理论，交流教学经验，探讨教学问题。此外，教师共同体还具有一定的社会影响力，可以维护教师权益，为教师进行学习与自我提升创造更多的有利条件，具体分析，教师共同体的主要作用主要包括以下四个方面的内容。

第一，方便教师之间的交流。在教师共同体中，教师可以打破学科与教学环境的限制，自由进行互联网英语教学经验的交流与分享，共同分析并解决教学过程中遇到的问题，从不同的角度、不同的实践经验、不同的教学经历出发针对某一教学话题进行讨论，有利于开拓教师的教学思维，帮助教师从多角度认识教学活动，以及采取灵活的方式应对教学实践中出现的问题。

第二，帮助教师自主提升专业发展水平。教师共同体是教师自愿组成或加入的，没有外界的强制性要求，因此加入教师共同体是教师个体的一种带有很强积极性的主动行为。不同的教师共同体也具有自身独特的风格，同一教师共同体中的成员往往在很多方面具有相似性，如教学理念、教育方式、教育技术等。具有相似品质的个体之间的交流会变得更加流畅、顺利，教师也会对该团体更有归属感，形成心理活动与实践活动的良性循环，帮助教师自主提升专业发展水平。

第三，有利于网络教学资源的及时共享。教师共同体的另一重要优点就是信息资源的共享，优秀的教师共同体同时也是一个蕴含着丰富智慧与庞大信息量的平台，教师在其中分享自身关于教学的种种观点，同时分享自己掌握的关于网络教学的相关信息。这种大量个体之间分享信息资源的方式，可以保证信息资源更新的及时性，让教师可以在第一时间接触新的政策、新的教学方式、新的教育技术等。

第四，为教师提供学习的平台。教师共同体还可以通过引入教育领域的专家与其他优秀教师的方式，引导他们分享应用信息技术开展教学活动的经验，进而从更加专业的角度分析教学活动，为教师的自我提升提供更多的学术和理论支持，提升团体内教师使用信息技术开展教学的专业水平，促进团体内教师的共同发展。[①]

2. 看教师是否通过继续教育进行学习与提升

进入工作岗位并不意味着教师学习阶段的结束，教师应该树立终身

---

① 刘雨蓓.ESP教学方法改革与教师专业发展研究[M].青岛：中国海洋大学出版社，2019：176-177.

学习观念，既当"教师"，又当"学生"。教师通过学习不断提升自身的信息素养和教学素质，这既是教师实现专业发展的要求，同时也是国家教育事业发展的需要。

在当今互联网时代，信息和知识更新速度加快，新的教学理念和方式不断涌现，加上英语教育政策的不断调整，英语教师学到的信息技术知识可能会面临过时、老化和不符合现代教学实践等问题。因此，教师必须保持学习的心态，不能满足于现有的知识体系和教学模式，要勇于探索和学习新的信息技术知识，并付诸实践。

教师的学习途径可以分为两个方面。首先是自我学习和提升，需要教师拥有充分的自我发展意识。其次是教师继续教育制度下的一系列培训活动。为了让教师接受继续教育，需要整合各类教育和社会资源，相关教育部门、综合类大学、示范性院校以及教育团体或组织需要相互沟通、协调和配合，实现信息和资源共享，教育和学习联动，进而提升教师在互联网时代的教学能力。

作为教师的工作单位——学校应该重视教师的继续教育工作，充分发挥其教育资源整合的作用，合理制定教师培训计划，并将其规范化和制度化，确保每位教师享有平等的培训机会。有些学校存在不重视教师继续教育的现象，认为教师的本职工作是教学，以教师现有的能力，负责该学习阶段学生的教学工作已经足够。这些观念显然是错误的。教育工作需要不断变革和创新，教师接受继续教育的目的是不断提升教师的专业素质，以适应中国教育的不断发展。教师在继续教育的过程中可以学习和掌握最新的教育技术和方法，再将这些方法和技术运用到英语教学活动中，以更有效地提升教学效率，促进信息技术与英语教学的融合应用。

3.看教师是否通过学术深造进行学习与提升

随着经济全球化和教育国际化的趋势不断加强，加上各国政治、经济和文化之间的交流合作不断深入，出国学习和交流的政策逐渐放宽，申请出国的手续也变得更加便捷。同时，英语教师本身具备英语语言优势，有利于他们在国外生活和学习。因此，对于英语教师而言，出国深造已经不再是一件遥不可及的事情。

此外，学校提供的财政资助也为英语教师进行学术深造提供了保障，这对于英语教师的长期发展和进步具有重要意义。学术深造有助于英语教师进一步提高专业知识水平、了解相关学科的发展动态、涉足新的研究领域和专业、拓宽研究视野、更新教学理念、深入了解英语民族文化，从而提高学术水平和信息素养。

4. 看教师是否通过参加学术会议进行学习与提升

定期参加学术会议是提升高校英语教师信息素养和教育技术的重要途径。学术会议为英语教师提供了一个与同行交流、学习和分享的平台，有助于提升英语教师的专业水平和信息技术教学认知水平。英语学者汇聚在学术会议上，展示各自的研究成果，分享教学经验和教育技术的应用。这些交流和讨论不仅能够丰富英语教师的专业知识和技能，还能够为他们提供灵感和启示，促进互联网时代英语教育的不断创新和进步。

此外，学术会议提供了多种形式的交流方式，如电子会议、视频会议、网上论坛等，这些交流手段为英语教师获取学术信息和资源提供了便利。通过参加学术会议，英语教师可以了解最新的教学理念和技术，掌握前沿的教育技术，提高信息素养和信息化教学能力，为提高英语教学质量和促进学生的综合素质发展提供了有力的支持。

5. 看教师是否树立了终身学习的理念

经济全球化、文化多元化和互联网信息技术的飞速发展，已经为知识的获取和信息资源的流通提供了方便。在这样的时代背景下，教师需要树立终身学习的理念，通过不断学习，提升自己的信息技术知识，增强信息素养和信息化教学能力。在这个信息更新和技术更新速度极快的时代，如果不学习新知识、新理念和新技术，就会落后，甚至被淘汰。此外，教师职业的特殊性也要求教师始终保持教育思想、教学方法的更新，以满足学生的需求和要求。教师面对的学生是新一代的年轻人，他们接受新思想、发现热点问题的速度非常快，因为他们可以使用各种智能设备，随时随地获取信息，如果英语教师不利用互联网信息技术更新自己的知识储备和提升自身的信息素养，就无法理解学生的兴趣和关注点，也无法顺畅地与学生进行沟通，从而不利于教学活动的开展和师生感情的培养。因此，教师要始终保持学习状态，掌握最新的教学方法和技术，以更好地适应教育变革和发展的需要。

第三节　多样化的学生课堂评价形式

一、评价主体多元化

传统的教学评价活动通常是由教学工作的管理者组织并开展的，学生甚至教师往往处于评价活动之外。当今时代背景下，无论是对教师教学活动的评价还是对学生学习行为的评价，都应该让学生参与其中。因此对学生评价主体的设计应体现多元化的特征，不仅要包括教师对学生的评价，还要包括学生的自我评价、学生之间的相互评价以及网络教学系统对学生的评价。

（一）教师对学生的评价

教师对学生的评价分为可量化的内容和激励性的内容两部分。课堂表现、第二课堂活动表现、随堂测试、单元测试是可以量化的。对学生的口头评价、书面评语等则主要涉及学生的情感态度、学习策略等，起到的是警醒、建议或激励的作用。

（二）学生的自我评价

学生的自我评价是指学生要对自己在某一阶段的学习表现进行评价。例如，学生可以通过电子日志的形式记录自己在学习过程中的心路历程、对学习计划的执行度和完成度、在学习中遇到的困难和解决办法、对学习成果的总结和反思等。

（三）学生之间的相互评价

首先，学生之间的相互评价，不是随心所欲地评价，相反，在开始评价之前教师要制定出科学的评价标准，严格控制，规范操作，避免评价流于形式，否则就会导致学生之间出现拉帮结派、搞人际关系的不良风气。其次，教师要引导学生正确认识他人对自己的评价，不能只接受好的评价，拒绝真诚的、需要自己改正错误的评价。

（四）网络教学系统对学生的评价

学生利用网络教学系统开展学习、练习和在线测试，在这一过程中，网络教学系统可以针对学生的这些学习行为展开评价。网络教学系统对学生的评价具有客观、高效的优点。教师必须熟练掌握网络教学管理平台的操作，事先设定好评价的内容和规则，充分发挥网络教学系统激励学生学习的作用。

二、评价内容多元化

传统的教学评价更注重对学生英语知识掌握情况的评价，而缺乏对学生英语语言技能、跨文化交际能力以及其他英语综合运用能力、情感态度、学习策略和意志品格的评价。为了解决这些问题，多元评价教学体系将评价内容分为智力因素和非智力因素两个方面。

智力因素评价内容主要包括英语知识、英语综合应用能力和跨文化交际能力的评价。其中，英语知识包括语音、词汇和语法等方面，英语综合应用能力包括听、说、读、写和译等方面，跨文化交际能力则是指处理跨文化交际实践中出现的各种文化问题的能力。跨文化交际能力的表现形式包括交际的得体性和有效性。交际的得体性指参与者的言行符合目的语文化的价值观念、行为模式和社会规范；交际的有效性指参与者能够实现自己的交际目标，达到交际的目的。

参与跨文化交际活动时，人们的情感态度往往会受到预先印象或文化定式的影响，导致难以如实评价对方的交际行为甚至产生误解。因此，了解自身的情感态度并提前克服先入为主的消极情绪，能够减少负面情绪对跨文化交际活动的影响，真实体验跨文化交际活动。

非智力因素评价内容主要包括学习策略、意志品格和情感态度的评价。其中，学习策略包括认知策略、元认知策略和记忆策略等，意志品格主要包括遇到困难时坚定意志和不轻易放弃的信念，情感态度包括学习英语和参与跨文化交际活动的真实情感和正确态度。

三、评价形式多元化

评价形式的多元化是为了适应不同的评价内容。对于英语基础知识和英语技能的掌握情况，可以采用形成性评价的方式，如随堂测验、单元测验、计算机辅助听力测试、口语测试和英语技能竞赛，以收集学生的成绩数据并形成评价结果。对于非智力因素的评价，则可以采用电子档案式评价方法，收集教师的书面评语、学生之间的评语和教师对学生的阶段性建议，或采用定性的方法将评价结果纳入量化的范围。如果需要同时评价学生的英语基础知识和语言综合应用能力，则可以采用终结性评价方式，如期中和期末考试。不同的评价方式有助于收集更全面的评价信息，更好地反映学生的学习情况，促进教学的改进和提高。

四、深度挖掘学生需求

使用现代信息技术，如网络技术和大数据技术，可以使教学评价活动变得更加有意义，而不是流于形式。学生可以在教学评价平台上与教师和同学进行交流和沟通，自由地表达自己的想法和提出意见，这有利于体现学生在教学活动中的主体地位。教师可以通过评价平台了解学生最真实的反馈和问题，深入挖掘学生学习的难点和兴趣，通过数据计算和系统分析，更好地了解学生的学习动机和需求。教师可以根据学生的反馈和需求设计不同类型、不同内容和不同特点的教学活动，提高教学水平，促进学生的成长和进步。

五、积极邀请家长参与

家长的参与和支持对于促进互联网时代英语教学的发展具有重要的影响。在现代信息技术的支持下，教育教学工作者可以邀请家长参与学生在线课堂的学习。通过计算机或手机应用，教师可以分享学生上课的画面给家长，让家长清晰地看到学生参与在线教育的情况。同时，教师还可以将教学视频上传到公共班级空间，家长可以观看孩子学习的情况，了解孩子在学校的表现。此外，随着网络视频教学模式的兴起，很多教师选择通过直播的方式讲授知识与文化。家长可以选择和孩子一起观看直播，相互学习、相互监督，共同进步。

家长的参与和支持不仅有助于了解孩子的学习情况，同时也可以为教育教学工作者提供有价值的反馈和建议。家长可以通过网络平台与教师交流，提出自己的意见和建议，促进教育教学的改进和提高。此外，家长的支持和参与也能够帮助建立家庭与学校之间的紧密联系，形成家校合作的良好氛围。家长可以积极参与学校的各种活动，为孩子的成长与发展提供更好的支持和保障。

第四节 优化激励性课堂评价的方法

一、设计多样化的评价方式

除了小组讨论、作业、考试、成果展示等，还可以采用其他的评价方式，如项目、实践、口语演讲、写作、阅读、听力等。这些评价方式可以更加贴近学生的兴趣爱好和特长，同时也可以更全面地评估学生的学习成果。不同的评价方式可以让学生在学习中得到更多的锻炼和提高，同时也能够更好地激发他们的学习热情和兴趣。

不同的学科有不同的特点，需要采用不同的评价方式。例如，语文可以采用写作、朗读等方式来评价，数学可以采用作业、考试等方式来评价，艺术可以采用创作、表演等方式来评价。

评价方式需要贴近教学目标，能够评估学生是否达到了预期的学习目标。例如，如果教学目标是培养学生的实践能力，那么评价方式可以采用实验、项目、演示等方式。

不同的学生有不同的特长和能力，评价方式需要考虑学生的个体差异，给予学生更多的展示机会。例如，可以采用小组讨论、团队项目合作等方式评价，让学生有机会展示合作能力和领导才能。

实践活动可以让学生更好地掌握理论知识，同时也能够评估学生的实际能力。例如，可以组织实验、实地考察、实践项目等活动，评价学生在实践中的表现。

开放式问题可以评估学生的思维能力和创造力。例如，可以采用论文、口头报告、演讲等方式，让学生发表自己的观点和想法。互动式评价可以促进学生之间的交流和合作。例如，可以采用小组互评、同伴评价等方式，让学生互相交流、学习和提供反馈。

设计多样化的评价方式需要考虑学科特点、学习目标、学生个体差异等多方面的因素。采用不同的评价方式可以更全面地评估学生的学习情况，激发学生的学习热情和积极性，同时也能够更好地满足学生的需求。

二、引入及时性反馈

及时性反馈不仅要告诉学生哪些地方需要改进，更要告诉他们如何改进。教师可以给出具体的建议和指导，帮助学生在学习中发现问题和提出疑问，并且提供解决方法和学习技巧。

在学习过程中，教师应该设定反馈的时间和频率，让学生知道何时可以收到反馈。例如，可以在作业布置后一周内给予反馈，考试后两天内给予反馈。这样能够让学生更加清楚自己的学习状况，及时调整学习策略。

不同的学生对反馈方式有不同的偏好，教师应该采用多种反馈方式，满足不同学生的需求。例如，可以口头反馈、书面反馈、电子邮件反馈等方式。

反馈内容应该具体化，让学生知道哪些方面做得好；哪些方面需要改进。反馈内容应该针对学生的个体差异和特点，给予针对性的建议和指导。

学生应该被鼓励进行自我反思，以帮助他们更好地了解自己的学习状况。教师可以提出一些问题，引导学生进行反思，例如："你在学习的过程中有哪些收获？""你觉得哪些地方需要改进？"等。

有些学生需要更加个别化的辅导，教师可以与这些学生进行个别辅导，帮助他们解决学习上的问题。个别辅导可以针对学生的具体情况给予专业化的建议和指导，提高学生的学习效果。

在教学过程中，教师要引入及时性反馈，根据学生的需求和学习情况，采用多种反馈方式和方法，同时给予具体化和个别化的建议和指导。这样能够提高学生的学习效果和增强学习动力，同时也能够帮助学生更好地了解自己的学习状况。

三、设定清晰的评价标准

评价标准要能够贴近教学目标和学生的需求，同时也需要具有可操作性和可测性。教师可以在开学之前向学生详细介绍评价标准，让学生知道自己需要达到哪些要求。在评价过程中，教师应该公正客观地对学生进行评估，并给予合理的评价结果。这样能够让学生更好地了解自己的学习状况，并且在学习过程中更加努力。

评价标准应该贴近教学目标，能够评估学生是否达到了预期的学习目标。例如，如果教学目标是培养学生的实践能力，那么评价标准可以包括实验设计、实验操作、实验报告等方面。

评价标准应该具有可操作性，能够给出具体的表现和指标，让学生知道如何达到这些标准。例如，如果评价标准是语文作文的结构和语言表达，那么可以具体化为文章结构、语法、拼写等方面的指标。

评价标准应该具有可测性，能够进行客观的评价和比较。例如，可以采用多种指标，对学生的表现进行评价和比较。

评价标准应该向学生公示，让学生知道自己需要达到哪些要求。公示评价标准可以让学生更加明确自己的学习目标，更好地规划学习，增强学习动力。

评价标准需要考虑学生的个体差异，给予学生更多的展示机会。例如，可以采用小组讨论、团队项目合作等方式评价，让学生有机会展示多方面的才能。

四、鼓励学生自我评价

学生应该被鼓励进行反思和自我评价，以帮助他们更好地了解自己的学习状况，发现自己的优点和不足，并且找到改进的方法。

教师可以引导学生了解自己的学习状况，包括学习目标是否达成、学习过程中的收获和困难等。引导学生反思自己的学习过程，能够帮助学生更好地了解自己的学习状况，发现自己的优点和不足。

教师可以设计自我评价的环节，让学生在学习过程中进行自我评价。例如，在作业或考试后，教师可以让学生评价自己的表现，包括自己的优点和不足，以及下一步需要如何改进等。

教师可以鼓励学生互相交流和学习，让学生分享自己的学习心得和体会。学生之间可以互相评价和提供反馈，促进学生之间的学习互动和交流。

教师可以赋予学生一定的自主权，让学生自主选择学习内容和学习方式。自主学习能够提高学生的自我意识和自我管理能力，同时也能够促进学生的自我评价和反思。

教师应该认可和表彰学生的自我评价，给予学生肯定和支持。认可和表彰学生的自我评价能够激发学生的学习兴趣和热情，同时也能够促进学生进行进一步的自我评价和反思。

鼓励学生自我评价需要教师在教学过程中积极引导和支持。教师可以设计自我评价的环节、鼓励学生互相交流和学习、赋予学生自主权等方式，让学生更加清楚自己的学习状况，发现自己的优点和不足，从而更好地调整学习策略和提高学习效果。

五、引入有益竞争

引入课堂的有益竞争需要教师在教学过程中积极设计和引导。教师可以设定明确的目标和标准、设计多种有益竞争的形式、采用多种评价方式、奖励有益竞争等方式，让学生更加积极地学习和竞争。有益竞争可以激发学生的学习热情和积极性，同时也能够促进学生之间的学习互动和交流。

有益竞争需要有明确的目标和标准，让学生清楚知道自己需要达到什么水平。例如，可以设定比赛目标、排名标准等。

有益竞争的形式可以有多种，如小组竞赛、团队合作等。教师可以根据不同的学科特点和教学内容设计多种形式的有益竞争，满足学生不同的需求和兴趣。

评价方式应该多样化，不应仅仅局限于分数或成绩。例如，可以采用评委打分、同学投票等方式。

教师可以为有益竞争中表现良好和突出的学生等进行表彰和奖励，如奖励比赛优胜者、优秀团队等。奖励能够激励学生更加努力地学习和竞争。

有益竞争不仅仅是比成绩，也包括学生在比赛中积累的经验和体会。教师可以鼓励学生分享经验和体会，促进学生之间的学习互动和交流。

第八章　高校英语课堂教学设计
——教学语言设计

第一节　英语课堂教学语言的特点与作用

一、教学语言的定义

在课堂教学中，教师所运用的言语被称为教学语言，即教师语言。这是知识传递的关键载体，同时也是教师与学生信息交流和建立情感联系的有力途径。某种程度上，教师的课堂用语品质反映了其基本素质。在教学过程中，良好的教学语言是对教师的基本要求之一。拥有教学语言技巧对于教学的成功至关重要。

在完整的教学过程中，教师向学生传授知识、提供反馈，进行师生间的情感互动，熏陶学生个性，引导他们进行观察、记忆、思考和想象等创造性智力活动。在这个过程中，教师的讲解、叙述、提问、回答、辅导解释，以及板书、示范等都需要借助教学语言来进行。教学语言能激发学生的意识活动，特别是视觉和听觉方面的活动，使他们对事物有所感知，从而实现意识交流，获得感性认识，进而达到理性思维的跃升。尽管现代教育方式和手段不断发展，如社会实践、实地考察、电视、电影、录像、卫星传播、网络等都融入了教学过程，但它们都无法取代教学语言在教学中的作用。现代化教育对教师教学语言的规范性、严密性和艺术性提出了更高的要求。

教学语言的优劣、教师的口头表达能力、思维条理性和逻辑性，以及运用语言的技巧等方面都会直接影响学生学习的积极性和课堂教学效果，进而制约教师在教学中的作用的发挥，关乎教学的成败。

二、英语课堂教学语言的特点

在语言教学中，英语教师通常将英语作为讲解知识、传递信息和教授技巧的手段。然而，对于外语教师而言，其使用的教学语言不仅是传授知识与技能的工具，还是教师所要教授的知识与技能本身。

许多英语教师将教学语言视作课堂用语，但事实上，英语教学语言与英语课堂用语是两个截然不同的概念。课堂用语是指组织课堂教学各个环节的特定用语，通常具有固定的句式。众所周知，"Class begins.""Open your books, please.""Read after me." 和"Class is over."等都属于课堂用语。英语教学语言是在课堂教学全程中使用的英语，已经超越了课堂用语的范畴。英语教学语言大致包括以下四个部分：①课堂用语；②讲解用语；③师生互动用语；④教师反馈用语。课堂用语是教师在教学过程中使用的语言。讲解用语是教师在解释词汇、句法结构和语篇等方面所使用的语言。师生互动用语是在课堂上师生之间进行各种交谈、回答和讨论时所使用的语言。教师反馈用语是教师在指导学生进行课堂练习时对学生的语用行为进行评价所使用的语言。

英语课堂教学语言的特点可以概括为以下十点。

（一）可接受性

英语教学中的语言具备教授和示范两方面的作用。这两个功能是否能够实现预期效果，取决于语言的可接受性。学生的理解能力（听、读）和表达能力（说、写）在不断学习和提高过程中逐渐发展。若教学语言超出学生的理解范围，其教学价值将受到影响。在课堂教学交流过程中，英语教师应关注学生的理解能力，使用简洁、清晰且易于理解的特殊英语。对于英语接触较少的学生，教师需要相应地简化语言，使用夸张的语调并结合手势、表情和动作，以及类似于儿童在学习母语时母亲所使用的照顾性语言或保姆式语言。教师的教学语言应遵循既满足学生实际需求（巩固与复习），又稍高于他们现有水平（学习新知识）的可接受性原则。

（二）简明性

为了在课堂上与学生有效地沟通，教师通常会对所用语言进行调整和简化，以便用最简洁的方式传达学生所需信息。从理论角度来看，教师在交流中应运用最简练的信息来表达意图，并妥善处理语言冗余度。如果学生接收到过于复杂的语言训练，如冗余信息过多，他们可能会难以理解。因此，教师应遵循简洁性原则，主动采用一些简化语言的方法。例如，通过解释或改述可以简化复杂表达、消除歧义并提高表达清晰度；而重复可加强关键信息，引起学生注意，帮助教师进行自我监控或纠正学生错误。

（三）阶段性

外语学习对学生来说是一个不断发展的过程，这个过程呈现出阶段性特点。教学语言的阶段性体现在语速、词汇量、表达结构的复杂程度以及语篇的难易程度等方面。随着学生语言能力的逐步提升和教学过程的推进，教学语言也应相应地提高水平。若将教学语言固定为一种不变的形式，停留在较低水平，课堂教学将变得乏味，无法反映教学大纲和教材的目标要求。因此，在确保学生能够理解的基础上，教学语言应逐步提高难度并引入新内容，使课堂始终保持吸引力和挑战性，激发学生对新知识的兴趣与热情。

（四）实用性

在初学者的词汇和语句理解阶段，英语教师可能会尽量简化所用的教学语言或使用照顾性语言。当学习者的理解程度提高到语篇理解阶段时，教学语言就应向自然语或标准语靠近，尽可能避免双语的互相干扰。^①然而，当前英语教学现状中，一些教师仅出于教学需求使用教学语言，未将其与学生课外实际英语运用相结合，导致课堂教学与课外应用脱节。在学生进入较高学习阶段时，教师应根据教学内容，展示与学生学习和生活息息相关的自然语言用法。

（五）规范性

仅当使用规范化的语言时，我们才能清晰明确地传达想要表达的意思；只有规范化的语言才能谈论语言之美，进而提升语言魅力至更高水平。因此，教师的语言必须具备规范性，以便产生示范效应。

（六）主导性

在组织英语教学过程时，教师需引导学生关注、感受、联想和表达何种内容，这取决于教师如何运用教学语言。教学语言主导性的强度是教师主导作用有效性的关键指标。擅长引导学生学习的教师会运用教学语言来沟通学生思维、触动学生内心、激发共鸣、营造良好的教学氛围、调整教学节奏等，从而带领学生进入教学境界。具有主导性的教学语言是积极的、有活力的，它像教师为学生设立的路标，具有提示作用。这样可以避免学生误入歧途，提高教学效率，并增强课堂魅力。

（七）讲解性

学生需要理解、消化教师所讲授的内容，这决定了教师的教学语言应具备解说性特质。对于重要问题，需要加以强调；针对难题，要进行解释；对于未阐述清楚的部分，需重复讲解，以提升教学语言的价值。在教学语言中，运用分析与综合、演绎与归纳、类推以及比较等方法，能使讲解内容更易于学生快速接受，并取得良好的教学成果。

---

① 耿娟.浅析英语教学语言的特征及其运用技巧[J].长春教育学院学报,2015(14):58-59.

（八）示范性

在学生眼中，教师代表知识与智慧，他们的言行都是值得模仿的。教学语言对学生掌握知识、形成品德和发展语言表达能力有直接影响。因此，对于学生而言，英语教学语言应具备示范性。教师在进行英语教学时，必须谨慎用词，避免发表对学生思想产生负面影响的言论，应做到"闲言有意义"和"幽默寓意"。

（九）启发性

英语教师的教学旨在培养学生的思考能力。因此，英语教学语言应该具有隽永含义、引人深思、发人深省和富有启示性的艺术效果。英语教师还应注意掌握激发教学的时机，恰如其分地施教，才能充分发挥教学语言的启发功能。

（十）针对性

这是由教学对象的差异导致的。针对不同的教学对象，教学语言自然应做出相应调整。对于低年级的学生，他们更容易接受生动、形象的语言，因此教学语言应具体、明确和友好；而高年级的学生，他们的抽象思维能力不断发展，追求对事物的理性认识，所以教学语言应深入、灵活且富有哲理。只有满足学生的心理需求，英语教学语言才能充分发挥作用，从而激发学生的学习积极性。在教育教学过程中，英语教师针对不同类型的学生，如自尊心强和自尊心较差、学习优秀和学习困难、性格外向和性格内向、自负和谦逊等，应注意采用针对性的语言教学方法，以期达到理想的效果。

三、英语课堂教学语言的作用

（一）英语课堂教学语言是影响学生心灵的工具

英语教学中语言运用方面表现出教师的创造力，是英语教师在教学中表达技巧的关键组成部分。正如教育家苏瓦西里·亚历山德罗维奇·苏霍姆林斯基所指出的："在语言之外，如果没有艺术修养，任何道德教导都无法在年轻一代心中培育高尚情感。"①他主张，"教师的措辞对学生内心产生无法替代的影响"，认为"教师卓越的语言能力是有效利用教学时长的关键因素"，并强调"教师在很大程度上影响着学生课堂上的思维劳动效率"。这表明国际教育界同样高度重视教师的语言艺术修养。

（二）英语课堂教学语言是英语教师最主要的教学手段

尽管教学方法不断更新，教学语言艺术的作用和地位仍然无法被完全替代，因为课堂环境始终充满了语言。通常，教学过程中包含的语言活动主要包括授课、阐释、讨论、发问、解答、复述、总结、修改或纠正等。另外，还有一些旨在吸引或维持他人注意力的话语和体现双方关系的表达方式，它们也是课堂语言的重要组成部分。

（三）英语课堂教学语言是影响教学质量的关键之一

教学品质受众多因素影响，精确、生动、鲜明、富有吸引力、感染力和号召力的具有艺术魅力的教学语言在激发学生思考、兴趣及积极性方面起着关键作用，对教学品质产生直接影响。研究表明，学生的学习积极性、主动性、课堂纪律、学业成绩甚至个人成长都与教师的教学语言紧密相连。

英语教师的教学语言艺术水平综合展现了教师的素质，对英语教师的教学成果和效率具有决定性意义。学生接受知识的程度与教师的表达能力有明显关系。如果教师的教学语言条理清晰，学生的学习收获会更大。而教师教学语言逻辑混乱、表述不够严密周到和有条理，可能导致教学内容漏洞百出，甚至陷入自相矛盾的困境。我国著名美学家朱光潜曾指出："说话表达得好，能够清晰传达意图，让听众感到舒适，并产生

---

① 孔丽芳. 大学英语课堂教学艺术与应用实践 [M]. 北京：九州出版社，2018：29.

美感。如此的表达方式，便成了艺术。"[①]教师教学语言的吸引力决定了教师的语言感染力以及学生的接受程度。

（四）英语课堂教学语言能促进学生能力的发展

教师的教学语言艺术水平不仅会影响教学任务的完成和教学效果的优化，更重要的是它会直接影响学生多方面能力的发展。

1. 影响学生思维能力的发展

英语教师的教学语言艺术水平直接体现了他们的思维能力。好的表达能力源于清晰的思维，能说就是因为能想。正如列宁所赞赏的德国哲学家叔本华的一句话："谁思考得清楚，谁说话就会清楚。"学生通过教师卓越的教学语言艺术可以了解教师的思维过程，学习思考问题的有效方法，体验思考过程中的愉悦，从而激发思维兴趣，提高思维能力。直观的教学语言会影响学生的形象思维，理性的教学语言会影响学生的抽象思维，教师的机智言辞会影响学生思维的敏锐性和灵活性，教师的观点会影响学生思维的独立性和批判性，教师的语言素材会影响学生思维的广度和深度等。

2. 影响学生语言能力的发展

英语教师的教学语言不仅是传授知识的手段，还是最直接、最有效的示范。教师的教学语言对学生的语言习惯和能力产生日渐积累、悄然影响的作用。实践表明，经过有序、合理、富有情感和趣味的教学语言长期熏陶的学生，会逐渐对语言产生浓厚兴趣，并掌握灵活运用语言的技巧。

3. 影响学生审美能力的发展

苏霍姆林斯基认为，教师的话语具有审美特质，这是一把非常精致

---

① 马勇，冯大财，卢向天. 语文课堂说写能力的发展 [M]. 长春：吉林人民出版社，2019：115.

的钥匙。它不仅开发情感记忆，还深入大脑最隐秘的角落。英语教学语言艺术本身就可以成为学生审美的对象，让学生从中获得审美体验，激发审美兴趣，培养和提高学生的审美创造力。因此，英语教师的教学语言艺术对学生多方面能力的发展具有重要影响。

教师的教学语言艺术在学生思维能力、语言能力和审美能力发展方面起着至关重要的作用。在英语教学过程中，教师应关注自身教学语言艺术的提升，以更好地促进学生的全面发展。

（五）英语课堂教学语言是师生情感交流的重要媒介

英语课堂教学不仅仅是"传道授业、解惑"，还是师生间的情感交流。师生间良好的情感交流对教学效率的提高和学生心智水平的增长、英语学习兴趣的增强等都有着积极的影响。心理学研究证明，任何心智活动都不能截然分类为理智活动和情感活动两个领域。著名儿童心理学家皮亚杰认为："没有一个行为模式（即使是理智的）不含有情感因素作为动机。"情与理应当互为补充、协调活动。而师生间的这种情感交流活动的重要媒介就是教学语言。具有艺术魅力的教学语言能促进师生间的良性情感交流，而较差的教学语言却会造成师生情感的恶性交流，从而降低教学质量。

（六）英语课堂教学语言是信息交流的主要物质载体

英语教学过程实质是一个信息交流的过程。在这个信息双向交流的过程中，英语教学语言是信息的主要载体。英语教学信息复杂多样而具体，要使这种信息以最佳状态进行流动，优美的英语教学语言必不可少。若英语教学语言具有艺术感染力，教学信息量就会大大增加，英语教学的效率就会因此大大提高。

第二节　英语课堂教学语言的种类与要求

一、根据英语课堂教学语言的功能性质分类

（一）系统讲授语言

在英语课堂上，教师使用教学语言来向全班学生系统地传授英语知识。这种教学语言的特点在于，它能够充分地体现教师在教学过程中的主导地位和教学艺术才能，使得教师独特鲜明的教学语言艺术风格得以形成。同时，这种教学语言的表达内容具有高度的科学性和专业性，而且形式逻辑性强，系统完整，层次分明，可以帮助学生更好地感知、理解和记忆知识。教师可以根据英语学科的内容和学生的特点，巧妙地设计和安排教学语言，以增强教学效果和表现艺术效果。此外，教师还可以高效率、高质量地完成系统讲解和传授英语知识的教学任务，从而促进学生在知识、技能和品德等方面的全面发展。

（二）个别辅导语言

个别辅导语言是英语教师在课内外个别辅导学生学习时使用的教学语言。这种语言的特点在于，它高度尊重学生的主体地位，充分调动学生的学习积极性，同时也关注学生的个别差异和个性特点。教学辅导语言具有强烈的针对性，可以因材施教，帮助学生了解自己的优点和缺点。同时，教师也需要尽量适应学生的不同需求，灵活地运用语言形式（一般难以预先设计）。在辅导过程中，教师需要精于启发、巧于点拨、善于激励、长于指导，以帮助学生查缺补漏、解疑释惑，从而形成正确的学习态度，掌握有效的学习方法，培养良好的学习习惯。

（三）组织协调语言

英语教师在教学过程中所使用的语言，包括组织教学活动、协调教学关系以及控制教学进程等方面。其中，组织协调语言可分为以下三种类型。

（1）指令语言应该具体、简短精练、热情文明，避免模糊抽象、冗长杂乱、冷淡无礼。

（2）商讨语言应该体现民主精神，尊重学生选择，培养学生的参与意识，使教学成为真正的双向活动。

（3）衔接语言也称过渡语言，是指在教学过程中对教学要点的衔接和教学活动转换进行中间过渡语言的运用，以避免教学要点间缺乏联系和教学活动变化显得突兀。衔接语言应前后呼应、穿线贯珠、起承有序、转含有度，这样才能使整堂课组织严谨缜密、天衣无缝。

此外，调节语言也很重要，它可以通过适当的褒贬评价来强化或改变学生的学习活动，以调节控制教学进程。教学调节语言应实事求是、程度适当，方法因人而异，形式丰富多样。

二、根据英语课堂教学语言的信息流向分类

（一）单向传输语言

所谓单向输出语言，也称为独白性语言，指的是英语教师在教学过程中向学生单方面传递信息的语言。这种教学语言具有以下特点：语言信息密集、讯道流畅，可以较好地体现教师的教学意图，同时传输效率高、质量好，容易自主调控，可以精心设计。然而，使用这种语言需要学生具备相应的语言接受能力，同时也缺乏反馈机制。

教师的语言艺术水平高低也会影响语言效果。因此，在使用单向输出语言时，需要注意语言表达技巧，以增强语言本身的吸引力，激发学生的接受兴趣，避免因单调枯燥而造成语言疲劳。此外，这种语言还可

以为学生提供良好的语言示范，培养学生的语言鉴赏能力、语言感受能力和语言表达能力。

（二）双向对话语言

双向对话语言是指英语教师和学生在平等的身份下，在民主融洽的气氛中进行生动活泼的双向交流。这类教学语言的特点是：强调语言情境的应变能力，要求教师具备灵活机智的语言处理能力；语言交流过程中会出现曲折，因此语言信息传递的效率可能会受到影响；语言反馈的及时性增强了语言的实际效果；师生双方在语言交流中地位平等，都有积极参与的动力；语言信息的不断变化为师生教学相长提供了可能性，可以增加学生语言实践的机会，锻炼学生思维的灵活性和口头表达能力。双向对话语言常用于课堂问答、个别辅导、交换意见、了解情况等教学活动。

（三）多向交流语言

多向交流语言指英语教师在教学中有意引导学生进行座谈、讨论、争辩等活动的语言。这种教学语言具有以下特点：教师充当组织者和导演的角色，发挥主导作用；教师语言具有组织功能和指导性；语言流程不确定，增加了教学语言设计的难度；多向信息传递使教学活动结构呈现立体交叉网络状态；活跃的语言氛围激发了师生思维和语言表达的兴趣；多向交流增加了语言活动的教育价值。使用多向交流语言需要教师具备较高的语言控制和调节能力，通过激发兴趣、引导思维、指导表达来达到预期效果。此外，多向交流语言还能培养学生的语言表达能力、团队协作能力和批判性思维能力，提高他们的综合素养和创新能力。

三、英语课堂教学语言的要求

教学语言的重点要落在学生身上，要注重学生的思想情感、语言表达和实践能力的全面发展。教学语言应当具备科学性和艺术性，不仅要传递知识和技能，还要激发学生的学习热情和兴趣。教学语言的表达要简练明了、通俗易懂，应该注意语言规范和文化背景的适应性。此外，英语教学语言的艺术性还包括语音、语调、节奏等方面的掌握，这些都是增强语言表达效果的重要因素。英语课堂教学语言不仅要注重科学性，还要突出艺术性，发挥语言的魅力，提高教学效果，让学生更好地掌握英语知识和技能。

（一）正确与规范

在英语的形成过程中，它遵循了一定的规范和约定俗成的语言规则。符合这些规范的语言是正确的，而不符合这些规范的语言就是不正确的，体现在语音、语法、逻辑等多个方面。因此，在教学中，英语教师应该清晰规范地发音，每个字母、音节、意群、句子的韵律和节奏都应该被准确地读出来。这不仅可以增强学生对英语知识的理解和提升学习效果，还可以培养学生良好的语言习惯和语感。

（二）音调正确

在英语教学中，正确的发音和语调是非常重要的。英语教师在教学过程中应该准确清晰地发音，每个字母、音节、意群、句子的韵律和节奏都要被认真读准确。此外，在教学中还应注意使用不同的音调，以表达不同的情感和意思。例如，愤怒、惊讶、号召等情感可以用升调表达，沉痛、迟钝、悲伤等情感可以用降调表达，安静、庄重、肃穆等情感可以用平调表达，幽默、含蓄和讥讽等情感可以用曲折跌宕的语调表达。

在课堂上，教师的语调也不应是单一的报告式、念经式或背书式的腔调，而应该是多样的、灵活的，以调动学生的情感、兴趣和注意力，提高教学效果。因此，英语教师应该掌握多种不同的声调，以便在教学中运用。只有这样，才能有效地指导学生学习并取得良好的教学效果。

（三）清楚与明白

学生在教学过程中主要通过教师的语言接受知识、领会思想情感、掌握教学内容，因此教学语言的清晰易懂是教学论对语言的首要要求。英语教学语言的清晰易懂有以下两个层面的意义。

1. 说的声音清晰响亮

教师的发音应该是清晰而响亮的，每个音节都要发出来，不要吞音或漏掉音节。同时，语调应该自然舒缓，语速适中，停顿合理，意群恰当，音量也要适宜，以便学生能够轻松听懂教师的每个音节和每句话。主要的衡量标准是，无论在教室的哪个位置，学生都能毫不费力地听到教师的教学内容。

如果英语教师的音量过高，对学生来说会过于刺激，影响他们的思维。而如果教师的语音不正确或不清晰，学生就无法理解教师所讲的内容，也就无法接受教学信息，特别是对于初级入门的英语教育，教师需要特别注意口齿清晰和发音准确。有些教师会发音错误，或漏掉单词的尾音，这些错误会给学生留下极坏的印象，严重影响他们的听力和阅读习惯。因此，教师应该不断地练习和改进自己的口语表达能力，以提供更好的教学服务。

2. 说的内容清楚明白

教学语言条理清晰非常重要。在一节课中，教师需要有一个清晰的思路，先讲什么后讲什么，以便让学生能够理解和跟随教学进程。这个清晰的思路需要通过备课和钻研教材来实现。只有当教师的思路清晰，教学内容和过程才能明确。

教学内容的段落也应该清晰明了。一节课的教学内容犹如一篇文章，需要有清晰合理的段落，使学生能够明白地听出这节课讲了几个大问题，每个大问题中又包含几个小问题。这种清晰的段落使学生对教学内容了然于心，而不是只有一大片模糊印象。

　　句子是教学语言的基本单位。几个意义相近的句子组成句群，一些意义相近的句群组成自然段。教学语言的篇章同文章篇章一样。教师需要注意句子的连贯性和意义的贯通性，句子要完整，不要缺少主语、谓语或宾语。教师还要注意使用简单易懂的句式，不要使用太复杂的句式。另外，上下句之间、几个相连的句子之间要有语义上的衔接，要能形成一个有一定中心的句群，要有连贯的语气和贯通的语义。

　　教学语言需要清楚明白地传达教学内容。教师在阐释名词、概念时，要注意使用简单易懂的词语来解释深奥的词语。教学语言需要清晰明了的讲述、解释、介绍学科的知识、相关技巧和能力等。

（四）生动形象

　　生动形象的语言更容易打动和深入人们的心灵，因为它能够进入人们的内心深处。有趣的形象语言可以把深奥的事物形象化，把抽象的概念具体化，从而使学生能够像亲身经历一样印象深刻。

　　在我国，相当流行的"剑桥少儿英语"和"神奇英语"等英语学习课程，就运用了极其生动形象的语言再现故事，让学生沉浸其中，从而深刻理解和记忆英语知识。这种形象化的语言不仅能够提高学生的兴趣和参与度，还能够帮助学生更好地掌握英语知识和技能。因此，在英语教学中，教师需要注重运用形象化的语言来传递知识，以激发学生的学习兴趣。

（五）与书面语、形体语言相互配合

　　在英语课堂教学中，书面语言通常指的是黑板上的板书，而形体语言主要是指教师的表情、手势和体态动作等。教师不能仅使用单一的语言方式来表达思想、传递信息，而需要将口头语言与非语言元素相结合，以达到更好的表达效果，加深学生印象，弥补口头语言的不足。

　　教师需要根据教学内容和学生交际能力的实际情况，恰当地运用书

面语和形体语，以使课堂教学语言更生动、形象、有声有色。例如，教师可以用生动的手势来描述单词的意思，以便学生更容易理解；教师可以用表情来传达情感，以帮助学生更好地理解语言的含义和用法；教师还可以运用合适的体态动作来引起学生的兴趣和注意力，从而提高教学效果。

在英语教学中，教师需要善于使用书面语和形体语言的组合，以达到更好的教学效果，激发学生的兴趣并积极参与，提高学习效率。

（六）简洁

简洁的教学语言是教学过程中不可或缺的一部分。使用简洁的语言可以使学生保持注意力，更容易地理解掌握教学内容，并在头脑中留下深刻的印象。

简洁的教学语言需要抓住要点和关键，精要地说明和解释，这是实现简洁的前提。在讲解时，应该注重抓住重点，讲解内容应该简明扼要，不拖泥带水，不重复解释比较和分析，避免不必要的冗长和无关的内容，以确保学生能够清晰地理解和记忆所学知识。

此外，教学语言的表达也需要简洁。有时，教师讲授的内容虽然简明扼要，但由于语音形式的不规范或不简洁，也会给学生造成困扰。因此，教师在讲授时应该注意语音的干脆利落，避免不必要的重复，减少口头语病和无意义的插入语等，使语言简洁、流畅。

简洁的教学语言是教学过程顺利进行的必要条件之一。教师应该注意抓住要点和关键，简明扼要地讲解，同时注意语音的简洁和规范，以便帮助学生轻松地理解和掌握所学知识。

第三节 英语课堂教学语言的设计原则

一、英语课堂教学语言表达原则

英语课堂教学语言的语用原则是指在英语教学中教师使用英语的原则，包括表达原则和领会原则。表达原则指教师在讲授、写板书和备课时，应该遵循修辞原则，追求理想的表达效果，使自己的语言准确、规范、得体，易于听懂和记忆。领会原则是指教师在听学生的表达、阅读学生的作文时，应该追求理想的领会效果，使自己的理解迅速、准确、全面、透彻。

在英语教学中，语用原则对于实现教学目标和完成教学任务非常重要。教师需要掌握语用原则，以便更好地运用英语与学生进行交流，确保课堂教学的顺利开展。同时，教师还需要注意运用正确的语用策略，比如使用恰当的语言形式、语气、句式、修辞手法等，以便更好地传授知识、引导学生学习。

英语课堂教学语言的语用原则是英语教学中非常重要的一部分，教师应该遵循表达原则和领会原则，掌握语用策略，以便更好地与学生进行交流，完成教学任务，实现教学目标。

（一）必须为确切传达教育教学信息、实现教学目的服务

英语课堂教学语言的选择和运用必须服务于实现教学目标，不能偏离每节课的特定教学目标，也不能追求语言形式美而忽视内容和目的的需要。在选择和运用英语课堂教学语言时，教师应该尽可能选用那些能够精确、简洁、明确地表达学科知识的修辞方式和句式。同时，教师的说话方式应该平实、简洁，以便学生能够轻松听懂、理解和记忆。

在教学中教师应该注重语言的准确性、简洁性和明确性，尽可能地使用通俗易懂的语言，使学生能够轻松理解和掌握教学内容。教师还应该关注语言表达的方式和形式，以便更好地传授知识、引导学生学习。

英语教学语言的选择和运用是非常重要的，它必须服务于实现教学目标，同时注意语言的准确性、简洁性和明确性，以便学生能够轻松理解和掌握教学内容。

（二）必须适应不同学生的不同特点

因材施教是教学论的重要原则之一，其要求教师在教学中以学生的实际情况为出发点，根据不同学生的具体情况采用不同的方法进行教学，以实现每个学生在个人原有基础上的充分发展。作为英语教学的主要因素，英语课堂教学语言必须切实遵守这一原则。

在英语课堂教学语言的表达过程中，教师需要注意英语的内容和形式是否能够被学生准确理解和接受，因为每个学生对英语教学语言的领会能力有所不同。学生对英语课堂教学语言的接受和领会程度不仅是对英语教师教学语言表达水平高低的检验，也是评价教学效果好坏的重要标准。为保证英语课堂教学语言能够被不同的学生准确理解和接受，教师必须遵循"因材施教"的原则，去适应不同学生的特点。

（三）使用礼貌用语

课堂上应该引入一些常用的礼貌用语，如"Please""Sorry""Thank you"等，这有助于培养学生的良好行为习惯和个人素质。在学生翻书时，教师可以说"Please turn to page…"，当教师口误或迟到时，可以表达歉意说"Sorry."。同时，在学生自行纠正错误时，也应该及时表示感谢，说"Thank you."。这些简单而常见的礼貌用语不仅能在课堂中为学生提供良好表率，还有助于培养他们在日常生活中的礼仪素质。

二、英语课堂教学语言领会原则

英语课堂教学中语言的双向活动既有教师表达、学生领会也有学生表达、教师领会。这里主要谈教师对学生表达的领会。

（一）注重倾听

倾听是有效沟通的基础和前提。英语教师在教学中不仅要注重自己的表达，更要注意倾听学生的发言。这样才能真正建立起师生之间的良好关系，促进双方的互动和交流，消除误解和隔阂。好的英语教师要具备良好的倾听习惯和能力。他们要有意识地关注学生的表达，尊重学生的发言权，积极倾听他们的声音和想法，关注他们的情感和感受。

要做到良好的倾听，英语教师需要付出一定的努力和耐心。首先，要注意语言和肢体的表达，尽可能做到姿态端正、面带微笑、目光交流，这样能更好地传递出自己的关注和信任。其次，要注重细节，比如避免打断学生的发言、重复学生的话语以确认理解、引导学生深入表达等。这样能更好地让学生感受到自己被关注和被认可。

倾听对于英语教学的质量和效果有着深远的影响。只有通过倾听，英语教师才能真正了解学生的学习状况和难点，及时调整教学策略，更好地满足学生的学习需求。同时，倾听也能提高学生的学习兴趣和课堂参与度，增强他们的自信心和自尊心，促进学生全面发展和成长。

（二）以学生的具体言语为依据

在英语教学中，教师需要通过倾听学生的具体言语来领会他们的思想感情，因为大多数学生要表达的思想感情都蕴藏在他们自己的言语中。当然，体态语也可以表达一定的情感和意思，但它只是自然语言的辅助手段。通过观察学生的肢体语言来领会他们的思想感情是有限的，远不如直接倾听学生的言语来得有效。言语形式本身负载的意义也始终是最重要的，因此教师必须以学生的具体言语为依据，仔细倾听他们的发言并理解其中的信息意义和情感意义。在学生发问或回答问题时，教师需要注意不误听，确保自己能够准确理解学生的表达，这样才能更好地指导学生、促进教学效果的提高。

第四节 英语课堂教学语言的幽默设计

一、英语教学幽默的意义

幽默一词是从英语单词"humour"音译而来。在英语词典中，它被解释为"The quality of being amusing."，即通过恰当的修辞手法来表达深刻的思想，以达到特殊的艺术效果。在当代社会中，幽默越来越受到人们的喜爱，有些人甚至认为它是美化生活的重要手段。幽默被用于文学、绘画和表演等方面的创作中，如幽默作品、漫画和动作表演等。

当然，幽默这个词在英语课堂教学中也有着固定的语境和意义范畴。它主要指英语教师在课堂教学中，激发学生兴趣的能力。适当地使用幽默在课堂上有四个方面的意义。

（一）减少紧张感

幽默具有引发笑声的功效，而在生理学研究中，笑声已被证明对身心都有益处。精神病学家威廉·弗莱·斯坦福德（William Fry Stanford）博士曾经指出，"大笑可以让全身主要肌肉部位得到锻炼和放松，一天笑100次相当于划船10分钟"。学习需要一定的紧张感，但是在课堂上连续40至50分钟的高强度学习可能使学生产生很大的精神压力。如果在授课期间不时地运用幽默材料，调动学生的情绪，学生的紧张感就会得到缓解，学习效率也会更高。

（二）促进联系

幽默具有促进人际关系的作用，它能够促进理解，产生良好的沟通效果。这一点在日常生活中同样适用，也适用于英语课堂教学。对于一位优秀的教师来说，在课堂上要善于扮演双重角色，即"严师"和"良友"。虽然"严师"是教师在大多数教学时的角色，但"良友"的作用同样重要。如果师生能够共同欣赏幽默，一起畅怀大笑，双方实际上也就相互加深了理解。如果学生对教师没有敌意，觉得上课有趣，那么对学习英语就不会产生厌烦情绪而加以抵触。

在教学中，教师可以利用幽默来调动学生的注意力，缓解学生的压力，从而创造出更轻松、更愉悦的学习氛围。教师可以在课堂上讲一些有趣的故事、编一些有趣的笑话，或者引用一些有趣的图片或视频，这样不仅可以吸引学生的兴趣，还可以促进学生之间的互动和交流。在教学中，幽默不仅是一种有用的工具，更是一种重要的教学策略，它能够帮助教师更好地与学生沟通交流，让学生更好地理解和掌握所学知识，同时也能够促进师生之间的良好关系。

（三）提高趣味性

人们往往在觉得工作有趣的时候会更加投入，这样也会提高工作效率。同样，学生在学习英语的过程中也需要有一定的趣味性。在课堂上使用幽默来引发学生开怀大笑将会使英语学习变得更加轻松和有趣。对于一些复杂的英语句型或词组，如果可以构建出可笑有趣的概念，学生会在娱乐和大笑的过程中对它们留下更深刻的印象，从而不知不觉地消化和吸收所学内容。

在英语课堂教学中，教师可以适时地利用幽默来调动学生的兴趣和注意力，从而提高学生的学习效率。利用幽默可以让学生更容易地接受和理解新的知识点，同时也可以帮助他们更加自信地运用所学英语，减少语言学习过程中的焦虑和抵触情绪。除此之外，通过运用幽默，教师还可以加强学生之间的互动和交流，让学生在愉快的氛围中相互启发和帮助。在这样的学习环境中，学生会更加主动地探索和学习英语，同时也会更加愿意积极地参与到课堂活动中来。

（四）消除厌倦感

心理学研究表明，长时间地保持同一姿态会让人产生厌倦感。如果让这种厌倦感持续不断地加深发展，即使是最优秀的人也会变得平庸。同样地，学生也容易受到厌倦的影响。如果学生产生厌倦感并让其持续加深的话，就会出现旷课、上课时情绪低落及注意力不集中等现象。在教学中，我们会发现，即使是最积极的学生也会在上课期间时不时地开小差或心不在焉。为了振奋学生的精神，使学生保持高昂的学习激情，并让学生保持注意力集中，教师可以不时地运用自己的幽默才能，讲笑话或讲述有趣的故事。这样，学生在笑的过程中精神可以不断得到振奋和激励，从而使他们的学习兴趣更加浓厚。

在课堂上运用幽默不仅可以调动学生的兴趣和注意力，也可以缓解学生的压力和紧张情绪，让学生在轻松的氛围中更好地学习和成长。在课堂上，教师可以适时地引入有趣的故事或笑话，或者在教学中加入一些趣味性较强的活动，这样不仅可以吸引学生的注意力，还可以帮助学生更好地理解所学知识，并激发他们的学习热情。通过幽默的方式，教师可以为学生创造出一个轻松、有趣、互动性强的学习环境，让学生更好地享受到学习的乐趣和成就感。

二、幽默在英语课堂教学中的巧用

（一）用幽默说明英美语言表达上的差异

英美语言在表达上的差异繁多，如果教师单纯地照本宣科地讲授这些差异，学生很难记住。但是如果教学得当，就可以事半功倍。举个例子，当讲授英美语言中"the first floor"的差异时，只需使用一则幽默笑话就可以让学生掌握这一知识。例如：

American woman：Where is the toilet?

Chinese clerk：On the second floor.

Englishman：Where is the toilet?

Chinese clerk：On the first floor.

Finally，the man and the woman went to the same floor.Why?

接着，教师可以为学生解释，在美国英语中，"the first floor"表示"第一层"，而在英国英语中却表示"第二层"。因此，在英国，人们要表达"第一层"时需要使用"the ground floor"。通过这个幽默的例子，学生不仅可以轻松地记住英美语言中"the first floor"的差异，还可以在娱乐的过程中学习到这个知识点，从而更好地理解和运用所学英语知识。

（二）用幽默区别相似短语或习惯用法

为了帮助学生区分"in a family way"和"in the family way"之间的差异，教师可以使用一个有趣的幽默故事来帮助学生记忆。比如说，一个略懂英语的法国姑娘去英国朋友家做客，主人是一对夫妇，他们热情地款待了来客，使这位法国姑娘感激不已。临别时，客人说："Thank you. You made me in the family way."听了这句话，主人面面相觑。

通过教师的解释，学生可以在笑声中领会这个幽默的笑点，牢记"in the family way"表示"宾至如归"，而"in a family way"则表示"怀孕"。这个幽默故事不仅可以帮助学生记忆这两个词组的区别，还可以让学生在愉悦的氛围中学习知识，提高学习兴趣和动力。

（三）用幽默辨别句型差异

为了帮助学生更好地理解"call sb. sb."和"call sb. sth."这两种不同的句型结构，教师可以使用一个幽默的例子来引导学生记忆。例如，Tom说："Call me a cab."他的朋友回答："You are a cab."这时，学生可能感到困惑和不解，不知道这个笑话的笑点在哪里。通过教师的解释，学生可以理解，幽默隐藏在朋友的回答中。朋友用错了句型，他以为 Tom 是在要求别人称呼他为"出租车"，而没有理解 Tom 想要叫出租车的意思。这个例子可以帮助学生理解 "call sb. sb." 和 "call sb. sth." 之间的区别，进一步掌握这两个句型结构的用法。

除此之外，教师还可以通过其他的例子和故事来引导学生掌握其他常用的句型结构，如 "give sb. sth." 和 "make sth. sth." 等。通过对这些句型结构的深入了解和练习，学生可以更好地掌握英语语法，并且能够更加流利地表达自己的想法。通过使用幽默和其他多种教学方法，教师可以使英语教学更加有趣和生动，帮助学生更快、更好地掌握英语知识。

（四）用幽默帮助学生掌握某些多义词

当学习英语单词时，学生通常会发现一些单词有多个含义和用法，这可能会让他们感到困惑和不安。然而，通过幽默的方式来学习英语单词的多种含义和用法，可以让学生轻松愉快地掌握这些知识。

在教授单词 engage 和 marry 的含义和用法时，教师可以使用幽默的故事来帮助学生理解。例如，教师可以给学生讲述以下两个幽默的故事：

故事 1：

Tom：Is your mother engaged?

Jim：Engaged? She has three children，you see!

教师问 Tom："你的母亲订婚了吗？"

Tom 回答："她有三个孩子啊！"

Jim 听了之后很吃惊，因为他误解了 "engaged" 的含义，以为 Tom 在问 Tom 的母亲是否订婚了。教师解释了 "be engaged in（doing）sth." 的意思是 "忙于做某事"，"be engaged to sb." 意思是 "与某人订婚"。

故事 2：

Tom：Mr Smith married his daughter last week.

Joan：Why? How can it be?

Tom：Well，it was my brother John who married Smith 's daughter.

Tom 告诉 Joan："史密斯先生上周把他的女儿嫁了。"

Joan 很惊讶，因为她误解了 "marry" 的含义，以为 Tom 的哥哥娶了史密斯先生的女儿。教师解释了 "marry" 的两种含义，即 "把……嫁出去" 和 "娶……"。

这些幽默故事可以让学生在轻松有趣的氛围中学习英语单词的多种含义和用法。学生可以更容易地理解和记住这些单词的不同含义和用法，同时也可以增加学习的趣味性和吸引力。

（五）用幽默帮助学生牢记某些同音异义词

为了帮助学生记住某些同音异义词，教师可自编一些句子，让学生练习掌握。例如：

Most people write with their right hands.

He threw a stone through the window.

（六）用妙趣英语句子讲授某些多义词

英语单词的多义性和多形式学习更具挑战性，因为学生需要努力记住每个单词的不同含义和用法。然而，通过记忆一些妙趣横生的英语句子，学生可以更轻松地记住单词的不同含义和用法。

妙趣横生的英语句子可以帮助学生在轻松愉快的氛围中学习英语单词的多义性和多形式性，增加学习的趣味性。同时，教师也可以通过类似的方式来让学生更好地掌握英语单词的不同含义和用法，如使用谐音、幽默或联想等技巧来帮助学生记忆等。

（七）用幽默强调学好语音的重要性

英语语音在学习英语中是非常重要的，但很多学生容易忽视这一点。即使教师反复强调，效果仍然不佳。但是，如果通过幽默的方式来启发学生可能有更好的效果。

以下是两个幽默故事，可以帮助学生认识到英语语音的重要性：

有一次，一位留学生对他的英国朋友说："I'm going to the sea to die."（我准备到海边去死。）他的朋友非常困惑，因为这个留学生的话听起来非常悲惨。经过多次努力，他们才弄清楚留学生的意思是"今天去海边。"（I'm going to the sea today.）这是因为留学生的语音发音不准确，导致误解。这个故事可以帮助学生认识到英语语音的准确性对交流的重要性。

在一个较为正式的场合，一位先生介绍自己和夫人时说："I'm dirty, and my wife is dirty too."（我很脏，我妻子也很脏。）在场的人都哄堂大笑，这位先生感到十分尴尬。实际上，他本想说的是："I'm thirty, and my wife is thirty-two."（我三十岁，我妻子三十二岁。）由于他把"thirty"读成了"dirty"，导致了这个误解。这个故事可以帮助学生认识到英语语音的准确性对于避免尴尬和误解的重要性。

（八）用幽默强调标点符号的重要性

学生在学习英语时，常常会忽视标点符号的正确使用，这是他们经常犯的错误之一。为了提醒学生注意标点符号的使用，我们可以使用一些英语幽默故事来帮助他们理解标点符号的重要性。

以下是一个例子：

某国王准备出席一次重大宴会，新闻本想报道："The King will wear no clothes which will distinguish him from others."（国王不会穿着能让他与众不同的衣服。）但由于印刷时多加了一个逗号，这句话成了一则爆炸性的新闻："The King will wear no clothes, which will distinguish him from others."（国王将不穿衣服，这将使他与众不同。）一个小小的逗号，居然改变了这个句子的意思，使得国王成了不穿衣服的人。这个幽默故事可以帮助学生意识到标点符号的正确使用对于表达清晰的重要性。

教师可以通过类似的英语幽默来帮助学生理解标点符号正确使用的

重要性，同时也可以教授标点符号的使用规则，如逗号、句号、问号、感叹号等。

三、英语课堂教学幽运用的艺术

（一）双关语

双关语在英语教学中的使用对于表达是非常有益的，因为它不仅可以给学生带来幽默感，还可以帮助学生学习如何在语言中使用修辞手法。

以下是一些例子：

"I finally figured out how government works. The Senate gets the bill from the House. The President gets the bill from the Senate. And we get the bill from everything."（我终于明白政府是怎么工作的了。参议院从众议院获得法案，总统从参议院获得法案，而我们从一切都要付账单。）这个句子利用了"bill"这个同形异义词的双关语效果，既可以指议会提案，也可以指账单，从而产生了幽默的效果。

"Mr President, what kind of 'concrete assurances' would you like to see to guarantee Saddam's withdrawal from Kuwait?" "Pieces of his bunker."（总统先生，您想要看到什么"具体的保证"来保证萨达姆从科威特撤军？ "他地下掩蔽所的碎片。"）这个对话利用了"concrete"这个同音异义词的双关语效果，其中一个人理解为"具体的"，另一个人理解为"混凝土"。这个句子既有幽默效果，又能够帮助学生理解如何运用语言从而产生诙谐的效果。

（二）英语字母

英语字谜游戏可以非常有效地帮助学生记忆英语单词，并且增加他们的学习兴趣。这种游戏可以在课堂上或者作为课外活动进行，使学生更加积极地参与到英语学习中。

在选择字谜的范围时，教师应该根据学生的英语水平和年龄来设计适合的内容。对于初学者，可以选择一些简单的图案字谜，如风筝、飞机等。这些字谜可以帮助学生熟悉一些基础的单词和词汇。随着学生英语水平的提高，教师可以选择一些更加复杂的字谜，涉及日历、饮食、时间、国家、动物等多个方面的内容。

除了增强学生对英语单词的记忆，英语字谜游戏还可以帮助学生培养逻辑思维能力和解决问题的能力。在填写字谜的过程中，学生需要注意单词的拼写和字谜的逻辑关系，这可以帮助他们提高英语水平并且锻炼思维能力。

（三）英文笑话

英文笑话也是一种极具趣味性的民间文学，它能够让学生在轻松的氛围下学习英语。英文笑话的形式多种多样，包括文字笑话、语音笑话和肢体笑话等。在英语教学中，教师可以根据学生的年龄和英语水平选择适当的英文笑话进行讲解和解析，这样有助于学生掌握英语中的幽默技巧和表达方式，提高他们的口语表达能力。

例如：

（1）"What do you call a fake noodle?"

"An impasta!"

这是一种利用音似词来构成幽默的语言游戏。学生在听到这个笑话时，可以发现 impasta 和 imposter 发音相似，从而理解这个笑话的含义，同时也能锻炼他们的英语听力和发音能力。

（2）"Why did the tomato turn red?"

"Because it saw the salad dressing!"

这是一种利用单词的多义性和幽默感来构成笑话的形式。学生在听到这个笑话时，可以发现 red 不仅可以表示"红色"的意思，还可以表示"生气"的意思，从而理解这个笑话的含义，同时也能提高他们的词汇理解能力。

英文幽默笑话是一种非常有趣的英语学习方式，它们能够增加学生的学习兴趣，提高他们的英语听说能力，同时也能让学生在轻松愉快的氛围下学习英语，更好地掌握英语语言和了解英语文化。

（四）英文幽默故事

教师还可以鼓励学生讲述他们自己的英语幽默故事或趣闻。通过分享彼此的故事和经历，不仅能增进同学之间的交流和友谊，同时也可以提高学生的口语表达能力和创造力。可以安排一些课堂时间，让学生在小组内分享自己的故事，或者在课后要求学生写下自己的故事，并在下一节课上课时选出一些有趣的故事让学生分享。这样的活动可以使英语教学更加生动有趣，也能增强学生的自信心和学习动力。

除了提问和填空，教师还可以让学生根据故事内容创作一个新的结局或者把故事改编成一个小剧本，让学生自己表演出来。这种互动式的教学方式可以激发学生的想象力和创造力，增强他们的口语表达能力和合作精神。同时，通过讲解故事中的语言表达和幽默技巧，教师也可以帮助学生提高英语阅读和写作水平。比如，对于上面的故事，教师可以讲解如何使用 irony（讽刺）和 hyperbole（夸张）等修辞手法来达到幽默的效果，以及如何运用同音异义词和双关语等语言技巧制造笑点。这样的教学方式可以让学生在轻松愉快的氛围中学会更多的英语知识和技巧，也可以激发他们对英语学习的兴趣和热情。

四、英语课堂教学幽默运用的注意事项

在教学中，运用幽默可以有效地提高学生的兴趣和参与度，从而提高教学质量。然而，教师在选择和使用幽默时应注意以下几点：

第一，根据教学计划选择适当的幽默形式。幽默可以有多种形式，如笑话、轶事、谐趣表达等。教师应根据教学内容和目标，选择与课程内容相关且易于理解的幽默形式。

第二，考虑幽默形式所需的时间。不同的幽默形式需要不同的时间。例如，双关语通常较短，学生能在短时间内理解其含义；而幽默故事则较长，学生需要更多时间来消化。教师在设计课堂教学时，应充分考虑各种幽默形式所需的时间，以保证教学计划的顺利进行。

第三，注意道德和民族意识。在使用幽默时，教师应遵循道德原则，避免使用可能冒犯学生或涉及种族歧视的内容。恰当的幽默应能为教学服务，提高教学质量，而不是产生负面影响。

第四，平时积累幽默素材。为了在课堂上有效地运用幽默，教师应在日常生活中多积累幽默素材，并在备课时精心选材和设计。这样，教师才能在适当的时机引入幽默，为教学增色。

第五，把握火候，让学生在笑声中"开窍"。恰当地运用幽默，既能使学生在轻松的氛围中学习，又能帮助他们更好地理解和记忆知识。教师应学会把握幽默的火候，让学生在愉快的氛围中愉快地学习。

总之，幽默在教学中的运用确实可以提高教学质量，但教师在运用幽默时应注意恰当性、道德性和时间安排，以确保幽默能有效地为教学服务。

参考文献

[1] 鲁子问 . 小学英语教学设计 [M]. 上海：华东师范大学出版社 .2018.

[2] 杨洋，倪兆学，徐岩 . 英语课堂设计与微课教学模式 [M]. 长春：吉林人民出版社，2019.

[3] 张金焕 . 高校英语教学设计优化与模式改革研究 [M]. 长春：吉林人民出版社，2020.

[4] 李清 . 高校英语跨文化教学研究 [M]. 长春：吉林人民出版社 .2020.

[5] 杨朝娟 . 英语网络课堂教学模式与方法研究 [M]. 西安：西安交通大学出版社，2017.

[6] 黄洁芳 . 课程改革情境下高校英语教师认知发展研究 [M]. 北京：新华出版社，2017.

[7] 周利君，向小婷，雷涵彧 . 学习策略与思维训练双融入 1+X+Y 特色课程群优质教学设计案例研究 [M]. 重庆：重庆大学出版社 .2020.

[8] 王磊 . 互联网 + 背景下高校英语有效教学研究 [M]. 长春：吉林人民出版社，2019.

[9] 高红梅，管艳郡，朱荣萍 . 高校英语教学创新性研究 [M]. 长春：吉林人民出版社，2021.

[10] 杨杏园，赵爱华，李欢 . 高校英语技能训练研究 [M]. 长春：吉林人民出版社，2021.

[11] 尹新，杨平展.融合与创新：高校教育信息化探索与实践[M].长沙：湖南科学技术出版社，2018.

[12] 闫秀静，刘瑛，许丹凌，等.基于课程思政理念的云班课联合BOPPPS医学生英语教学模式构建[J].中国中医药现代远程教育，2023，21（8）：12-15.

[13] 王婧.英语沉浸式虚拟仿真教学模式建构与实施[J].青岛远洋船员职业学院学报，2023，44（1）：39-44.

[14] 杨永凤.新文科背景下基于OBE教育理念的大学英语课程创新教学校本研究：以北京中医药大学东方学院为例[J].英语广场，2023（9）：68-71.

[15] 包晗.掌握学习理论指导下英语专业教学模式探析：以《学术论文写作》课程为例[J].英语广场，2023（9）：89-92.

[16] 游英楠.扎根理论及其对警务英语课程思政教学模式构建的启示[J].英语广场，2023（9）：80-83.

[17] 万昕.混合式教学模式下思政元素融入大学生的公共英语教学研究[J].英语广场，2023（9）：43-46.

[18] 杨茜.商务英语读写课程"教—学—评一体化"教学模式探究[J].英语广场，2023（9）：97-100.

[19] 范睿荷.中职英语线上线下混合式教学模式的应用策略探析[J].海外英语，2023（6）：175-177.

[20] 郭亚银.建构主义视域下医学院校英语课程教学模式创新实践研究[J].海外英语，2023（6）：144-146.

[21] 云润.CBI教学模式在高职英语精读课中的应用研究[J].海外英语，2023（6）：232-234.

[22] 蔡旭.双主体复合式教学模式在商务英语函电教学中的应用探究[J].海外英语，2023（6）：115-117.

[23] 刘奕杉 . 基于产出导向法的师生合作评价对高职学生英语口语能力培养的有效性研究 [J]. 西北成人教育学院学报，2023（2）：30–35.

[24] 张永霞，高佳音 . 人机协同支持下的大学英语教学模式研究 [J]. 黑龙江生态工程职业学院学报，2023，36（2）：148–154.

[25] 侯晓慧 . 基于互联网 + 支架式教学模式在高职英语教学中的应用 [J]. 濮阳职业技术学院学报，2023，36（2）：32–34.

[26] 徐晶 . 基于英语学习活动观的课堂教学模式 [J]. 大连教育学院学报，2023，39（1）：29–30.

[27] 崔子钰 . 多维度视域下高校英语教师循证教学实现路径探究：评《基于多种教学模式的高校英语教学研究》[J]. 新闻爱好者，2023（3）：120.

[28] 陈秩忻，谷远洁 . 线上信息传播时代大学英语移动教学平台改革策略：评《高校英语教学模式创新与发展研究》[J]. 新闻爱好者，2023（3）：118.

[29] 王占九，李俊香 . "导 + 学 + 做"三位一体的高职《英语阅读》课程思政教学模式探索 [J]. 浙江工商职业技术学院学报，2023，22（1）：70–73.

[30] 刘绽 . "三全育人"理念下高职旅游英语抛锚式教学模式的研究 [J]. 湖北开放职业学院学报，2023，36（5）：169–170，177.

[31] 平博 . 基于 OBE 教育理念的 SPOC 教学模式探究：以八年级英语"愚公移山"一课为例 [J]. 数据，2023（3）：61–62.

[32] 张杰 . "互联网 +"背景下的大学英语听力课教学模式的应用研究 [J]. 数据，2023（3）：135–136.

[33] 蒋瑜 . 水利工程英语的特点及教学模式分析 [J]. 灌溉排水学报，2023，42（3）：153.

[34] 叶爱香.大学英语听说写一体化教学设计 [J].浙江万里学院学报，2023，36（2）：112–116.

[35] 樊燕.线上线下混合式教学模式在大学英语读写课程教学中的应用 [J].英语广场，2023（8）：77–80.

[36] 陈英，干宁.大学英语混合教学模式下大学生心理资本提升路径研究 [J].英语广场，2023（8）：93–96.

[37] 许文钰.基于 SPOC 的高职旅游英语混合式教学模式研究 [J].哈尔滨职业技术学院学报，2023（2）：159–161.

[38] 张静.信息化背景下线上线下混合式英语教学模式研究 [J].哈尔滨职业技术学院学报，2023（2）：162–164.

[39] 夏菁.新课改下高职职业英语教学模式的构建与实践研究 [J].海外英语，2023（5）：231–233.

[40] 木合买提·瓦哈甫.线上线下混合式教学模式在 ESP 英语教学中的实践运用研究：以国际贸易专业为例 [J].海外英语，2023（5）：113–115.

[41] 詹佳莉.智慧教学背景下的大学英语课程教学改革与创新 [J].海外英语，2023（5）：156–158.

[42] 赵芬.基于思辨能力培养的大学英语口语混合式教学模式探究 [J].海外英语，2023（5）：162–164.

[43] 刘派.TBI 主题教学模式在高中英语阅读教学中的应用 [J].海外英语，2023（5）：171–173.

[44] 吴超群.基于网络教学平台的大学英语团队合作教学模式的构建与实践 [J].海外英语，2023（5）：144–146.

[45] 袁素雯.建构主义教育理论下民办高校英语交际式教学模式研究 [J].河北大学成人教育学院学报，2023，25（1）：108–111.

[46] 周玲琪.基于翻译项目的大学英语翻转课堂教学模式研究 [J].湖

北经济学院学报（人文社会科学版），2023，20（3）：145-149.

[47] 叶远馨，干伟，白杨娟，等 . 医学检验专业英语案例教学模式探索与实践 [J]. 国际检验医学杂志，2023，44（5）：523-525.

[48] 索佳丽 ."互联网 +"时代大学英语翻译教学模式创新路径 [J]. 西部素质教育，2023，9（5）：150-153.

[49] 巨芳 .BOPPPS 在"大学英语"混合教学模式中的创新应用 [J]. 晋中学院学报，2022，39（2）：71-74.

[50] 阳玲英 . 探讨互联网环境下高校英语教学资源的有效整合及发展 [J]. 湖北开放职业学院学报，2023，36（5）：158-160.

[51] 孙旻 . 外语课堂教学创新研究评析：以英语演讲为例 [J]. 外语教育研究前沿，2023，6（1）：17-22，92-93.

[52] 朱娜 . 创新素养培养视域下高职公共英语课堂的构建研究 [J]. 湖北开放职业学院学报，2023，36（3）：8-10.

[53] 高原 .OBE 理念下高职英语口语课堂教学改革创新研究 [J]. 海外英语，2023（2）：199-201.

[54] 樊玲 . 人工智能赋能中职英语课堂教学评价的创新研究 [J]. 品位·经典，2023（1）：158-160.

[55] 任密 . 高职英语信息化教学评价体系构建探索：评《智慧教育背景下高校课堂教学评价体系的构建与创新》[J]. 中国高校科技，2022（11）：107.

[56] 焦冰，肖天庆 . 云南省农村义务教育学校英语教学的创新应用研究：基于智师课堂 [J]. 云南民族大学学报（自然科学版），2022，31（3）：371-374.

[57] 夏思聪 . 基于认知语言学原理的大学英语专业英语语法课堂教学创新研究 [J]. 英语广场，2022（31）：84-87.

[58] 于月 . 基于翻转课堂的英语茶文化教育模式创新路径分析 [J]. 福

建茶叶，2022，44（11）：107-109.

[59] 李芙蓉.大数据背景下的大学英语智慧课堂模式 [J].山西财经大学学报，2022，44（S2）：149-151.

[60] 季璇，田朝霞.英语演讲课程成果展示赛的实践及探索：课堂组织形式创新与综合育人 [J].高教学刊，2022，8（30）：105-108.

[61] 杨玉梅.创新多种举措，让中职英语课堂绽放精彩 [J].品位·经典，2022（20）：157-158，164.

[62] 孙冬青，崔纪彬.基于开放性思维的初中英语教学改革创新实践：评《初中英语课堂教学微技能提升》[J].科技管理研究，2022，42（20）：237.

[63] 李倩.大学英语课堂提问对学生创新思维的影响 [J].海外英语，2022（19）：125-126.

[64] 胡文俊.浅谈学业水平测试背景下的中职英语课堂教学创新 [J].职业，2022（19）：85-87.

[65] 丛香."互联网+"时代背景下以翻转课堂为基础的大学英语阅读教学创新探究 [J].英语广场，2022（27）：69-72.

[66] 魏新俊.文化传播在英语专业课堂教学中的创新模式构建 [J].中国大学教学，2022（9）：52-55.

[67] 康淑萍.英语课堂教学与"互联网+"技术教学的对比研究：评《互联网+视域下大学英语教学的创新探索》[J].中国科技论文，2022，17（9）：1069.

[68] 陈杰平.高职公共英语课堂管理模式创新性研究 [J].湖南邮电职业技术学院学报，2022，21（3）：90-92.

[69] 曹洁.新课标下创新小学英语合作式高效课堂教学模式 [J].亚太教育，2022（18）：132-135.

[70] 侯艳春.基于翻转课堂的高校英语混合式教学模式研究 [J]. 教育教学论坛，2022（33）：141-144.

[71] 剡婷婷，朱海丽.基于创新创业能力培养的高职院校大学英语思维课堂构建 [J]. 甘肃高师学报，2022，27（4）：97-102.